Das kleine Buch der schlechten Menschen

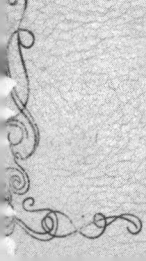

Hauke Brost

Das
KLEINE BUCH
der
schlechten
Menschen

Eine Typologie

SCHWARZKOPF & SCHWARZKOPF

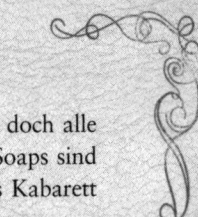

Bohlen, Ferres und Co.! – Die schlechten Reality-Shows sind doch alle getürkt – Das Schlimmste sind diese Gerichts-Serien – Daily Soaps sind ebenso blöd – Wir Zuschauer sind selbst schuld – Politisches Kabarett verkommt zur Klamotte – Das Fazit aus diesem Kapitel

*Sie nerven uns tagtäglich: Menschen ohne Hirn und Geschmack. Unerträg-
liche Aufschneider und eitle Selbstdarsteller. Arschlöcher, Egozentriker,
Faulpelze, Ignoranten. Blender, Schleimer, Schmarotzer, Spinner. Angepasste, Neider, Zyniker, Lügner, Miesmacher. Selbstüberschätzer, Oberlehrer,
Gutmenschen, Besserwisser. Kleinbürger, Feiglinge, Hinterfotzige und viele
andere unerträgliche Kreaturen. Von ihnen handelt dieses Buch. Es handelt
von den vielen schlechten Menschen, die uns den Alltag vermiesen.*

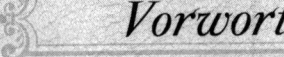

Vorwort

Sie nerven uns tagtäglich: Menschen ohne Hirn und Geschmack. Unerträgliche Aufschneider und eitle Selbstdarsteller. Arschlöcher, Egozentriker, Faulpelze, Ignoranten. Blender, Schleimer, Schmarotzer, Spinner. Angepasste, Neider, Zyniker, Lügner, Miesmacher. Selbstüberschätzer, Oberlehrer, Gutmenschen, Besserwisser. Kleinbürger, Feiglinge, Hinterfotzige und viele andere unerträgliche Kreaturen.

Von ihnen handelt dieses Buch. Es handelt von den vielen schlechten Menschen, die uns den Alltag vermiesen.

Wir, also die Guten, sind zahnlos und schwach. Der Zeitgeist und unsere gute Erziehung hindern uns nämlich daran, ein Arschloch Arschloch zu nennen, Faulpelze in den Hintern zu treten und Gutmenschen ihre Scheinheiligkeit mit der Peitsche auszutreiben. Wir sind zwar politisch korrekt, aber tolerant bis zur Selbstaufgabe. Wir lassen uns fast alles gefallen. Das macht uns handlungsunfähig und hilflos. Die schlechten Menschen sind es nicht. Sie bleiben einfach so, wie sie sind. »Auf die bösen Menschen ist Verlass, sie ändern sich wenigstens nicht«, sagte schon William Faulkner.[*]

Die eine Hälfte der Menschheit ist lieb und nett und angreifbar. Zu der gehören wir. Die andere Hälfte der Menschheit ist dumm und fies und resistent. Zu der gehören die Schlechten. Sie breiten sich aus, sie werden immer mehr. Und darum ist es Zeit für dieses Buch.

Das kleine Buch der schlechten Menschen zeigt aber nicht nur mit dem Finger auf »die anderen«. Ein bisschen vom »schlechten Menschen« steckt nämlich in jedem von uns. Mal gefallen wir uns in der Rolle des kleinen Oberlehrers, mal geben wir den rücksichtslosen Alltags-Egozentriker, und auch wir nerven unsere Umwelt bisweilen durch pure Gedankenlosigkeit. Sind Sie nicht erst neulich mit Absicht auf der Überholspur geblieben,

[*] *William Faulkner (1897–1962), Nobelpreisträger für Literatur*

weil hinter Ihnen ein umweltverpestender Schnellfahrer aufs Überholen lauerte und Sie ihn zwangserziehen wollten? Haben Sie nicht erst kürzlich im Supermarkt heimlich die Tomaten betatscht und sich nur die festen herausgesucht?

Auch Sie sind manchmal das Hassobjekt von anderen. Erkennen Sie sich gerne in diesem Büchlein wieder, wenigstens hier und da in einem plötzlichen Anfall von Selbsterkenntnis, der aber sicherlich rasch wieder abklingen wird.

Hamburg/Pellworm

Hauke Brost
www.haukebrost.de

Warum Fahrradkuriere so rücksichtslos rasen, hat noch niemand richtig untersucht. Man könnte natürlich einmal darüber nachdenken, warum jemand überhaupt Fahrradkurier wird und nicht zum Beispiel als Elektriker, Verkäufer oder Zahnarzt arbeitet. Vermutlich kommt man bei diesen Überlegungen zu dem Ergebnis, dass der Fahrradkurier als solcher ein schlecht durchblutetes Gehirn hat. Dafür hat er aber kräftige Beine.

I. KAPITEL

Schlechte Menschen auf der Straße, im Bus und in der Bahn

Warum, zum Teufel, pflegt ihr euch nicht?

Mit der U-Bahn oder mit dem Bus zur Arbeit zu fahren ist einem Menschen mit Stil und Geschmack kaum zuzumuten. Mit viel Geld wurden überall an den Stadträndern Park-and-ride-Parkplätze gebaut, damit wir unsere Autos stehen lassen und nicht die Umwelt verpesten. Viel sinnvoller wäre es jedoch, an den Bahnstationen und Bushaltestellen Gesichts- und Geschmackskontrollen einzurichten. Es würden dann viel mehr Menschen so wie Sie und ich, also die Guten im Lande, den öffentlichen Nahverkehr nutzen.

Was man frühmorgens in Bus und Bahn erleben bzw. ertragen muss, ist optische Körperverletzung. Das prekäre Milieu belästigt uns nicht nur mit üblen Gerüchen*, sondern auch mit Outfits, die wohl selbst einen KiK-Einkäufer abschrecken würden**. Wir erschrecken über die denkbar unvorteilhaftesten Klamotten, über fettige Haare, Schuppen auf schmutzigen Kragen, schwarze Fingernägel, angsteinflößendes Übergewicht, über ungeputzte Schuhe, Mitesser im Gesicht und über offene, Kaugummi schmatzende Münder mit erkennbarem dentalen Behandlungsbedarf.

Wir schlagen entsetzt die Hände vor die Augen, blinzeln dann doch durch die Finger und sehen – Herrensandalen mit weißen Socken. Würden wir an den dazugehörigen Cordhosen-

---

* Einer neueren Umfrage zufolge putzt sich jeder vierte Deutsche morgens nicht einmal die Zähne.
** KiK ist die größte deutsche Textil-Discounter-Kette. Sie fällt auf durch eher geschmacklose, aber spottbillige Kleidung. Wegen katastrophaler Arbeitsbedingungen in vielen asiatischen Zulieferbetrieben, wegen allerlei Chemikalien in KiK-Klamotten und wegen einer ausgesprochenen Antipathie der KiK-Geschäftsführung gegen Betriebsräte gerät das zu Tengelmann gehörende Unternehmen immer wieder in die Schlagzeilen – deshalb müsste man KiK-Managern in diesem Buch eigentlich ein eigenes Kapitel widmen.

beinen entlang nach oben schauen, so spränge uns – die Farbe Lila an. Ein schrecklicher Alternativer! Ein Müsli-Esser aus der WG! Wahrscheinlich ein Lehrer! Das Outfit lässt Rückschlüsse auf seinen Charakter zu: schlampig, uniform und geprägt vom gelangweilten Protest der jungen Wohlstands-Pseudo-Wilden. Busse und Bahnen sind morgens voller junger Pädagogen, die nicht einmal einen Hund führen könnten, geschweige denn eine Schulklasse mit vorwiegend Kindern aus schwierigen Familienverhältnissen. Kaum einer von ihnen wird bis zum Pensionsalter durchhalten, sondern 70 Prozent werden sich vorher in die soziale Hängematte fallen lassen.[*]

Wir jedoch wenden den Blick mit Grausen ab – und er fällt auf die Speckfalte einer 16-jährigen Pickel-Else, und diese Speckfalte befindet sich zwischen »Hose hängt auf halbmast« und »T-Shirt lässt Bauch frei«. Sie hat einen Bauch.[**] Ja. Dachten wir nicht immer, dass Fettsein nur in Hungerländern als sexy gilt? Diese Else hat nichts gelernt, sie ist vermutlich faul wie die Sünde und außerdem ist sie hässlich. Dafür kann sie nichts. Aber für ihr Outfit schon. Bei einem kurzen Blick in die weitere Runde stellen wir fest: Gefühlte 90 Prozent der Mischpoke in Bus und Bahn ist eine optische und hygienische Beleidigung.

Deshalb fahren wir ab morgen wieder mit dem Auto zur Arbeit.

---

[*] *Nur circa ein Drittel der beamteten Lehrer arbeitet bis zum Erreichen der Regelpensionszeit, also bis zum 65. Lebensjahr.*

[**] *Jeder fünfte Jugendliche ist übergewichtig. Bereits in wenigen Jahren wird es jeder vierte sein. Internetforen wie gesundheit.de spekulieren bereits, dass die heutige junge Generation wegen der alarmierend hohen Quote von Fettleibigen die erste Generation sein könnte, in der Kinder mehrheitlich vor ihren Eltern sterben. Übergewicht ist ein gravierender lebensbedrohlicher Risikofaktor so wie Rauchen, Diabetes und Alkoholmissbrauch.*

Lahmärsche machen
die Rushhour zur Folter

Aber auch die Fahrt mit dem eigenen Auto ist kein Vergnügen. Auf unseren Straßen sind morgens in aller Herrgottsfrühe derart viele hirnamputierte Träumer und Lahmärsche unterwegs, dass man am liebsten sofort wieder umkehren möchte.

Mangelnde Konzentration am Steuer sowie die Unfähigkeit, auch nur fünf Sekunden vorauszudenken, sind für den Verkehrsfluss viel hinderlicher als die vielen roten Ampeln. Wäre zum Beispiel ein jeder bei Gelb zum Anfahren bereit und würde bei Grün zügig Gas geben, würden doppelt so viele Autos in eine Grünphase passen. Was machen die schlechten Menschen stattdessen? Sie gucken die Ampel an, sie warten auf Grün, sie denken nach, sie legen den Gang plus eine Gedenksekunde ein und fahren nun endlich, endlich, endlich mal los.

Sie schließen auch nicht auf und halten in etwa dasselbe Tempo wie der Vordermann, nein! Sondern wenn der Zweite zum Ersten sechs Meter Abstand hält, wo nur vier notwendig wären, dann hält der Dritte zum Zweiten acht Meter Abstand usw. Das summiert sich!

»Immer mit der Ruhe«, sagt sich der Egoist am Steuer. »Wir sind doch nicht auf der Flucht«, murmelt der autofahrende Früh-Stoffel und ahnt nicht einmal, was er anrichtet mit seiner Schlenderei. Haben wir an der vierten Ampel die Nase voll und hupen ihn an, damit er endlich mal aufwacht, dann wird er auch noch frech und zeigt uns den Stinkefinger. Leute, gebt doch endlich mal Gas! Der Hintermann wird es euch danken.

Zweite-Reihe-Parkern sollte man
an den Kotflügel pinkeln

Noch schlimmer als die Lahmärsche an der Ampel sind aber die notorischen Zweite-Reihe-Parker. Damit spreche ich allen Autofahrern aus der Seele, abgesehen von Paketauslieferern, Handwerkern, Taxifahrern und Pizzaboten. Denn sie sind die wahren Terroristen des heutigen Straßenverkehrs: ignorant und sozialschädlich.

Paketausfahrer wie UPS, DHL, FedEx und wie sie alle heißen versperren uns den Weg, als wäre ihr Warnblinker ein Blaulicht. Handwerker legen handgemalte Schilder ins Autofenster, auf denen so etwas wie »Eiliger Rohrzangentransport« oder »Gas-Wasser-Scheiße-Reparateur im Noteinsatz« geschrieben steht und legitimieren damit ihre Rechte-Spur-Blockade. Taxifahrer sind zu faul und möglicherweise auch einfach zu dumm, um sich einen vernünftigen Platz zum Kassieren oder zum Warten zu suchen. Und Pizzaboten genügt schon das Argument, dass sie heiße Ware ausliefern, um kilometerlange Staus zu verursachen.

Jeder denkt nur an sich und an seinen piefigen kleinen Individualauftrag. Ich habe hier etwas abzugeben, ich habe hier jemanden abzusetzen, ich habe hier auf jemanden zu warten, ich habe hier etwas zu erledigen, ich habe hier etwas zu reparieren. Ich stehe hier, und ich bleibe hier. Ich, ich, ich. Sollen die anderen doch um mich herumfahren!

Nicht wenige Zweite-Reihe-Parker verursachen einen Stau von 500 Metern. Zehn von ihnen lassen den Verkehr also auf fünf Kilometern stocken, und weil es bundesweit in jeder Minute vermutlich 50.000 Zweite-Reihe-Parker gibt, sind sie für eine Staulänge von 25.000 Kilometern verantwortlich. Das sind in acht Stunden 12 Millionen Kilometer, also 15-mal die Strecke von hier bis zum Mond und zurück, und wir stehen irgendwo mittendrin in diesem Mega-Stau.*

Natürlich wären wir, die gequälten Guten, eine zahlenmäßig viel größere und stärkere Gruppe als diese gewissenlosen Straßenverkehrsterroristen, aber wieder einmal fehlen uns Entschlussfreudigkeit und Durchsetzungskraft. Sondern seufzend setzen wir den Blinker und ordnen uns brav auf die linke Spur ein, anstatt kurz anzuhalten und irgendetwas Verbotenes mit dem gottverdammten warnblinkenden Hindernis anzustellen. Wir könnten zum Beispiel ebenfalls die Warnblinker einschalten, aussteigen und dem Zweite-Reihe-Parker genüsslich an den Kotflügel pinkeln. Aber auch daran hindert uns natürlich unsere gute Erziehung.

In jedem zweiten Radfahrer steckt ein kleiner Blockwart

Radfahrer liegen voll im Trend, denn Autofahrer verpesten die Umwelt und sind deshalb Verbrecher, genauso wie die Raucher. Radfahrer halten sich daher für die besseren Menschen und wollen jeden belehren, der sich anders benimmt als sie. Das nennt man Blockwart-Mentalität.** Und tatsächlich:

---

* FDP und Grüne in Berlin haben kürzlich einen Monat Führerscheinentzug für Zweite-Reihe-Parker gefordert, die fünfmal erwischt worden sind. Allerdings ist es bisher bei der Forderung geblieben.
** Blockwarte waren in der Nazi-Zeit unter anderem dafür zuständig, über die Regimetreue der Bewohner eines oder mehrerer Wohnblocks zu wachen. In der NSDAP standen sie am unteren Ende der Partei-Hierarchie. Sie hatten zum Beispiel nazikritische Äußerungen zu melden. Für das Jahr 1935 wird die Zahl der Blockwarte auf circa 200.000 geschätzt.

Wenn man die Intoleranz und Bösartigkeit vieler Radfahrer beobachtet, dann bekommt man sehr schnell den Eindruck, dass mindestens in jedem zweiten ein kleiner Blockwart steckt.

Wir Autofahrer erleben es täglich auf der Straße. Ganz normal ist diese Situation: Man hat eine Kreuzung überquert und muss unmittelbar dahinter wegen einer kleinen Verzögerung bremsen. Nun steht man mit dem Heck noch einen Meter auf dem Überweg, während die kreuzenden Fußgänger Grün bekommen und loslaufen. Alle machen einen kleinen Bogen um das Auto und haben damit überhaupt kein Problem. Es ist garantiert ein Radfahrer, der Stress macht. Entweder schlägt er einem mit der Faust auf den Kofferraum oder er bleibt einfach stehen und pöbelt lautstark vor sich hin. Dasselbe erlebt man, wenn man beim Einparken auch nur 20 Zentimeter in einen Radweg hineinragt. Die meisten Radfahrer sind nicht tolerant, sondern besserwisserische Oberlehrer.[*]

Und genau hier sollten wir aufmerken: Den Oberlehrer früherer Zeiten stellte man sich doch mit Recht als knorrigen, vom Leben und den Lausbuben heftig gebeutelten, durch allerlei Kalkablagerungen im Hirn starrsinnig und intolerant gewordenen wandelnden *Brockhaus* im deutlich fortgeschrittenen Alter vor, also als einen unbelehrbaren älteren Herrn kurz vor der Pensionierung.

Der Oberlehrer von heute, der aggressive Radfahrer also, ist hingegen gar nicht senil und auch nicht verkalkt, jedenfalls nicht im medizinischen Sinne, sondern er kann gleichermaßen im abiturfähigen Alter oder ein Vater von Kleinkindern sein. Und genau das sollte uns zu denken geben. Es ist ein Alarmsignal

---

[*] *Den »Oberlehrer« gab (und gibt) es tatsächlich. Früher war »Oberlehrer« die nächste erreichbare Karrierestufe für Volksschullehrer. Oberlehrer gibt es heute zum Beispiel noch im Ausbildungssystem des deutschen Justizwesens, ferner in Österreich und der Schweiz. In der DDR wurde der Titel »Oberlehrer« Pädagogen verliehen, die sich besonders parteitreu verhielten.*

für unsere Gesellschaft. Heute sind nicht nur die Gehirne von senilen Rentnern verkalkt, sondern krankhafter Starrsinn ist gesellschaftlich legalisiert. Schon das schnullerlutschende Gör im Kindersitz hinten auf dem Fahrrad lernt vom pöbelnden Papa, dass man Falschparker, Raucher und andere böse Menschen getrost beschimpfen und umerziehen darf.

Radfahrende Väter von Kleinkindern sind sogar besonders gefährlich, da sie durch unkontrollierte Wutausbrüche gegen harmlose Autofahrer nicht nur ihre eigene Welt zu retten meinen, sondern die ihrer Kinder gleich mit, was ihren unflätigen Pöbeleien den Strahlenkranz des Heiligen Zorns verleiht, so als wären sie lauter kleine Jesusse und wir Autofahrer die Händler und Schacherer im Tempel, denen man getrost eins mit der Peitsche überziehen sollte.

Wenn die Oberlehrer aber immer jünger werden, dann fragt man sich: Was wächst denn da für eine verspießerte Gartenzwerggeneration heran? Das Deutschland von morgen: Nicht das Land der Dichter und Denker, sondern das Land der Wichtel und Stänker? Wie werden diese verbohrten Frühvergreisten ihre Kinder erziehen? Wacht bald ein Uniformierter in Pampers darüber, dass sich in der Kita-Frühstücksbrotdose politisch korrekte Öko-Wurst befindet? Werden Zwerge vom Topfschlagen ausgeschlossen, wenn der Geländewagen ihres Papas mehr als vier Liter auf 100 Kilometer verbraucht?

Die Zeichen mehren sich, dass junge Oberlehrer und fanatische Meinungsfunktionäre in der Gewissheit ihrer eigenen Vollkommenheit das vollenden, was Rudi Dutschke immer erstrebt hat. Zwar wissen sie nicht mehr so genau, wer Rudi Dutschke eigentlich war.[*]

---

[*] *Rudi Dutschke (1940–1979) war Soziologe, Sozialist und Sprachrohr der linken Studentenbewegung Ende der 1960er-Jahre. Er starb in der Badewanne an einem epileptischen Anfall, der Spätfolge eines Anschlages war, den ein Neonazi auf ihn verübt hatte. Allerdings war der Begriff »Neonazi« damals noch nicht Bestandteil des allgemeinen Sprachgebrauchs.*

Aber den »Marsch durch die Institutionen« (1967 von diesem erträumt und gefordert) haben sie geschafft. In Hamburg, Berlin und anderswo stehen die Ampeln auf Rot; das ist politisch so gewollt und soll uns Autofahrer »umerziehen«. Die »Grüne Welle«, einst zu Recht als Lösung aller Stauprobleme und als Motor für die Belebung des innerstädtischen Geschäftslebens erkannt, ist für radfahrende Klimaneurotiker der heutigen Generation schuld an der Gletscherschmelze und dem Flüchtlingsstrom aus Afrika.

Das traurige Ergebnis ist allgemein bekannt: Durch die verwaisten Einkaufspassagen in den Innenstädten flattern die Tauben, denn hier kauft keiner mehr ein, sondern die Menschen fahren mit ihren Autos an den Stadtrand, wo sie jederzeit einen kostenfreien Parkplatz vor OBI, Saturn, Ikea und Media Markt kriegen.

Danke schön, ihr radfahrenden Oberlehrer und verhinderten Blockwarte! Ihr haut uns nicht nur Beulen ins Auto, sondern ihr lasst auch unsere Innenstädte veröden. Aber wir, also die Guten, haben jetzt endgültig die Nase voll von euch. Künftig werden wir uns gegen euch wehren. So werden wir zum Beispiel vor der roten Ampel so dicht am Kantstein halten, dass sich kein Radfahrer mehr dazwischenmogeln kann. Wir werden jeden Radler, der eine Ampel bei Rot überquert, mit wütendem Gehupe belästigen. Wir werden nicht mehr ängstlich bremsen, wenn wir einen militanten Grünen mit Fahrradhelm erblicken, sondern wir werden von unserem Recht auf Vorfahrt ganz einfach Gebrauch machen. Passt auf, ihr radfahrenden Weltverbesserer! Der Autofahrer als solcher ist eine gebeutelte Kreatur und Kummer gewohnt. Eigentlich entschuldigt er sich schon, wenn er den Motor anlässt. Aber man darf ihn nicht bis ins Maßlose reizen.

Hinterm Steuer von Bussen
sitzen viele Sadisten

Immer wieder erlebt man, dass es unter den Fahrern von Linienbussen richtige Sadisten gibt. Vor allem Rentner können das bestätigen.

Oma mit ihrem Rollator ist schon oftmals dem herannahenden Bus entgegengehumpelt, hat dabei auf Schlaglöcher im Asphalt und Pfützen auf dem Gehweg keine Rücksicht genommen, hat die eine oder andere beim Aldi erstandene Billigware durch Erschütterungen wegen überhöhter Geschwindigkeit aus dem Einkaufskörbchen hüpfen lassen und einen Oberschenkelhalsbruch riskiert, damit sie den Bus noch kriegt.

Aber was soll Oma machen? Der Bus naht unerbittlich. Oma weiß, dass der Busfahrer sie längst im Auge hat. Und sie weiß, dass er ihr wieder die Tür vor der Nase zudrücken wird. Und darum rennt sie und rennt und rennt. Vergeblich.

So blind kann ein Busfahrer gar nicht sein, dass er die heranwetzende Oma mit ihrem Rollator übersieht. Nun nimmt Oma auch noch die eine Hand vom Rollator-Lenker und schwenkt sie in der Luft hin und her wie eine Schiffbrüchige, um dem Busfahrer damit zu signalisieren, dass sie, die Oma, genau diesen Bus noch kriegen möchte. Sie läuft so schnell, wie es die welken Beine und die Arthrose-geplagten Gelenke hergeben.

Der Bus hält, einige junge Menschen steigen aus und ein, der Fahrer schaut durch seine verspiegelte Marsbewohner-Sonnenbrille kurz in den Rückspiegel, Oma hat vielleicht noch 20 Meter, ihr Puls ist auf 130, die Türen schließen elektronisch und der Bus fährt ab.

Leute, das ist kein Einzel- und kein Zufall. Das hat auch nichts mit Fahrplan zu tun. Das ist seelische Grausamkeit, Körperverletzung durch Unterlassen, brutale Ignoranz und bewusstes Fahrgast-Vergraulen. Wäre Oma süße 17 und hätte Brüste wie Fußbälle sowie einen Minirock an, hätte der Bus natürlich gewartet. Oma steht nun 20 Minuten im Regen, verkühlt sich die Blase und weint. Schämt euch, ihr schlechten Busfahrer!

Aber genauso fies sind eigentlich die Fahrgäste, die bereits im Bus sitzen und diese alltägliche Szene kommentarlos beobachten. Wer geht jetzt mal nach vorn und schlägt dem Fahrer (nein, nicht die Faust ins Gesicht, sondern:) vor, demnächst auf Rentner etwas mehr Rücksicht zu nehmen? Oma klopft noch verzweifelt mit ihrer Gicht-Faust an die sich schließende Bustür, da murmeln sie drinnen verstohlen: »Die hätte er ja nun wirklich noch mitnehmen können.«

Aktiv wird keiner. Die Insassen eines Linienbusses sind willenlose Partikel einer Schwarm-Desintelligenz, die als Ziel nur das Abfahren und Ankommen an unterschiedlichen Haltepunkten hat und wegen der relativ kurzen Zugehörigkeit zum jeweiligen Schwarm (Spanne zwischen Zu- und Aussteigen) keinerlei soziale Kompetenz entwickelt.

Zu diesem Bereich gehören auch die vielen Berichte über Straftaten in Bussen und Bahnen, aus denen man folgern könnte, dass der durchschnittliche Fahrgast im öffentlichen Nahverkehr seine Zivilcourage gegen die Monatskarte eingetauscht hat.

Da können vollgekiffte Kriminelle Leute zusammenschlagen und berauben, ohne dass auch nur einer einen Finger rührt. Stattdessen wird kollektiv weggeschaut. Niemand erwartet ja, dass sich ein einzelner Fahrgast einmischt und als Märtyrer ebenfalls verprügelt wird! Aber warum ist es nicht selbstverständlich, dass der ganze Waggon geschlossen aufsteht und das Opfer allein schon durch die gemeinsame Aufmerksamkeit schützt? Man wird das ungute Gefühl nicht los, dass wir damit schon wieder dicht an der Mentalität der Nazi-Zeit dran sind.

Damals war es bekanntlich vollkommen normal, dass Leute aus unserer Mitte einfach abgeholt wurden und niemals mehr auftauchten. Gewusst hat das jeder, gesehen hat das keiner. Genauso wie heute in der S-Bahn, wenn jemand belästigt oder gar ausgeraubt wird.[*]

Ganz schlimm sind auch die Fahrradkuriere

Die absolute Pest im Straßenverkehr sind die Fahrradkuriere. Diese sollte man sofort verbieten. Sie verzichten grundsätzlich auf jegliches Beleuchtungszubehör, weshalb man sie an dunklen Winterabenden überhaupt nicht sehen kann. Wahrscheinlich soll man das auch gar nicht. Ihre abenteuerlichen Verkehrsverstöße begehen sie nämlich lieber im Dunkeln. Auch können sie ohne Licht schneller verschwinden, wenn sie einen umgefahren haben. Sie müssen dann nicht für unsere Oberschenkelhalsbrüche haften.

Alle Fahrradkuriere sind augenscheinlich farbenblind; man hat noch keinen einzigen an einer roten Ampel halten oder auch nur bremsen sehen. Kreuzungen überqueren sie am liebsten diagonal, und zwar mitten durch den fließenden Verkehr hindurch. Omas mit Rollator stellen für Fahrradkuriere überhaupt kein Hindernis dar. Und Mütter mit Kinderwagen haben selbst Schuld, wenn sie nicht rechtzeitig das Weite suchen.

Vorzugsweise rasen Fahrradkuriere über Bürgersteige, und zwar so dicht an den Hauswänden entlang, dass man erst den Hut an einem Stock aus der Tür heraushalten sollte. Ist die Luft rein und der Hut ist von keinem Fahrradkurier mitgerissen worden, dann kann man vorsichtig selbst aus der Tür treten, muss aber auch hierbei äußerst aufmerksam nach links und rechts schauen. Fahrradkuriere kommen gern in dem Moment um die Ecke gerast, in dem man die Haustür geschlossen hat und den ersten Schritt auf dem Bürgersteig wagt. Und sie nageln einen gnadenlos um.

Warum Fahrradkuriere so rücksichtslos rasen, hat noch niemand richtig untersucht. Man könnte natürlich einmal darüber nachdenken, warum jemand überhaupt Fahrradkurier wird und nicht zum Beispiel als Elektriker, Verkäufer oder Zahnarzt arbeitet. Vermutlich kommt man bei diesen Überlegungen zu dem Ergebnis, dass der Fahrradkurier als solcher ein schlecht durchblutetes Gehirn hat. Dafür hat er aber kräftige Beine.

Wer nicht gut denken und stattdessen sehr gut in die Pedale treten kann, der wird dann eben Fahrradkurier. Boxer können ja meistens auch nicht viel mehr als boxen. Man hat jedenfalls noch nie einen Fahrradkurier gesehen, der auf einen Auftrag wartet und dabei ein gutes Buch liest. Sondern sie brüllen ständig ihre Nummer ins Mikro: »Die 13! 13! 13!«, »Die Doppel-Zwo, die Doppel-Zwo, die Doppel-Zwo!« und so weiter, denn sie hoffen, dass die Zentrale sie besser hört, wenn sie mehrmals ins Mikrofon hineinbrüllen. Kriegen sie dann einen Auftrag, hechten sie in den Sattel und jagen los wie Nilpferde: Die gucken auch nicht nach rechts und links, weil sie keine natürlichen Feinde haben.

Fahrradkuriere haben natürliche Feinde. Der stärkste von ihnen ist der Autofahrer, weil er im Zweifelsfall etwas mehr Blech um sich herum hat. Aber der Autofahrer traut sich nix gegen den

Fahrradkurier, sondern er geht voll in die Bremse, wenn ihn der Kurier mit seinem Fahrrad angreift.

Das kommt davon, wenn alle vernünftigen Menschen zu Weicheiern verkommen! Man weicht einem militanten Fahrradkurier lieber aus, als ihn vom Sattel zu schubsen, auch wenn man Vorfahrt hat. Sieht man einen Fahrradkurier, hat man schon Angst. O je, man könnte sich unkorrekt verhalten, denn der hat ja ein Fahrrad, und man selbst ist der Umweltverpester! Dabei ist der Fahrradkurier der eigentliche schlechte Mensch.

Ein weiterer natürlicher Feind des Fahrradkuriers wäre die Polizei, die aber längst resigniert hat. In manchen Städten gibt es Fahrrad-Polizisten, die gegen diese modernen Pestbeulen unserer Innenstädte kämpfen sollen. Aber Fahrrad-Polizisten sind in der Regel ganz liebe Menschen, die dem Touristen den Weg zur nächsten Sehenswürdigkeit zeigen und mit jedem gern ein Schwätzchen halten. Keinesfalls würden sie einen Fahrradkurier von seinem waffenscheinpflichtigen Geschoss runterholen, zu Fuß aufs nächste Revier schicken und die zweirädrige Nahstreckenrakete beschlagnahmen. So etwas tut unsere Polizei nicht. Brauchen wir eine Bürgerwehr gegen militante Fahrradkuriere? Wir sollten zumindest mal darüber nachdenken.

Viele Politiker fordern jetzt eine Kennzeichenpflicht für Fahrräder, damit man die rasenden Psychopathen irgendwie identifizieren und aus dem Verkehr ziehen kann. Da fasst sich der Normalbürger jedoch an den Kopf und fragt sich, in welchem Elfenbeinturm diese Idee geboren wurde. Die hervorstechende Eigenschaft der Fahrradkuriere ist es doch gerade, dass sie an einem vorbeinageln wie ICEs und man nur noch den Lufthauch verspürt! Wie soll man da ein Kennzeichen ablesen? Man muss sie gleich vor Ort ergreifen, festhalten, die Luft aus den Reifen lassen und sie xxxxxxxxxxxxxx.*

---

* *Wir dürfen hier nicht zu roher Gewalt aufrufen. Deshalb wurden einige Worte gestrichen.*

Kreuzungsverstopfern sofort den Schlüssel wegnehmen

Die Dämlichkeit, mit der Dreiviertel aller Autofahrer unsere Kreuzungen verstopfen, sollte zum sofortigen Entzug des Führerscheins führen. Ist es denn wirklich so schwer zu begreifen, dass man erst dann in eine Kreuzung hineinfahren darf, wenn man auf der anderen Seite auch wieder herauskommt? Millionen Autos verstopfen täglich unsere Städte und verpesten die Luft, indem sie mitten auf der Kreuzung stehen bleiben und den Querverkehr blockieren. Dabei wäre jedes dreijährige Kind in der Lage, diese Regel zu begreifen: Fahr erst rein, wenn du drüben rauskommst.

Der CO_2-Ausstoß der gesamten EU ließe sich vermutlich halbieren, wenn jeder Kreuzungsverstopfer sofort aus dem Verkehr gezogen und zu Fuß nach Hause geschickt würde. Natürlich kann es passieren, dass man denkt, es geht jetzt endlich weiter, und erst im letzten Moment hängt man doch noch auf der Kreuzung fest. Aber das kann doch nur die Ausnahme sein, nicht die Regel! Andere Länder sind da besser als wir: Sie schraffieren die Kreuzungen gelb; allein durch diese Maßnahme werden sie freigehalten. Das gibt es bei uns nicht.

Es ist purer Egoismus, der den deutschen Autofahrer eine Kreuzung nach der anderen so gründlich verstopfen lässt, dass einfach gar nichts mehr geht. Stur schaut er dabei geradeaus. Nicht einmal eine entschuldigende Geste nach links und rechts gönnt er sich, weil ihn die Anonymität des Verkehrsgewühls vor Enttarnung schützt. Mitten auf der Kreuzung zeigt der deutsche Autofahrer, was er wirklich ist: ein denkfaules, egozentrisches Herdentier.

Was ist der notorische Kreuzungsverstopfer aber ansonsten für ein Mensch? Würde er in einer Tempo-30-Zone vor dem Kindergarten abbremsen? Würde er als eiliger Fußgänger freundlich dem Autofahrer zuwinken und ihm damit signalisieren, dass er gerne wartet? Oder würde er die Polizei rufen, wenn der betrunkene Nachbar seine Frau schlägt? Dreimal nein! Der notorische Kreuzungsverstopfer ist so, wie man nicht sein sollte: ohne soziale Kompetenz, egoistisch, stur, blind für die berechtigten Interessen seiner Mitmenschen, engstirnig, geistig eingeschränkt bis knapp vor die Null-Linie, ein böser Nachbar, ein schlechter Ehemann, ein mieser Vater, ein penetranter Kollege, ein Vordrängler an der Supermarkt-Kasse, ein Frauenfeindliche-Witze-Reißer, ein Gartenzwerg-im-Garten-Aufsteller, ein Nach-oben-Buckler-und-nach-unten-Treter, ein Jeden-Samstag-sein-Auto-Wascher, und in den Puff geht dieser unsagbar dämliche Kleinbürger wahrscheinlich auch. Aber Kreuzungen verstopfen.

Das nutzlose Dauerhupen, mit dem der Kreuzungsverstopfer so gern bepöbelt wird, ist zwar ebenso nervig und hat etwas von oberlehrerhaftem Erziehungszwang. Es hat aber auch seinen Charme: Wenn alle von allen Seiten auf den Kreuzungsverstopfer einhupen wie blöde und dabei auch noch wie von Sinnen mit der Lichthupe morsen, und wenn alle so dicht an ihn heranfahren, dass er Angst um seinen geliebten Autolack bekommt, und wenn das an jeder Kreuzung passiert, dann wird er irgendwann von ganz alleine schauen, ob er drüben wieder rauskommt, bevor er reinfährt.

Chaos-Parker an den Pranger

Außer den Kreuzungsverstopfern sind die Parklücken-Nieten so lästig wie Wespen auf dem Pflaumenkuchen. Warum stellen sich die Leute kreuz und quer in die Parklücken und rücken nicht zusammen? Warum machen sie sich auf einer Fläche, die lässig für zwei Autos reichen würde, so unverschämt breit? Warum stellen sie sich derart bescheuert hin, dass keiner mehr reinpasst? Warum fahren sie nicht vernünftig dicht auf den Vordermann auf, sondern lassen eine Lücke, als wenn sie einen Panzer fahren oder sechs Meter lange Gerüstteile aus ihrem Kleinwagen ausladen müssten?

Die Parkplatzsuche kostet uns in Großstädten abends bis zu einer halben Stunde Zeit. Das sind, wenn wir mit 20 das erste Auto haben und bis 80 am Steuer sitzen, 456 Tage unseres Lebens, die wir sinnlos ums Viertel schleichen und nach einer freien Parklücke Ausschau halten. Also ein Jahr und drei Monate! Noch auf dem Sterbebett sollten wir diese verdammten Parkplatz-Nieten verfluchen, denn ohne sie hätten wir jetzt noch satte 15 Monate mehr zu leben.

Wird schräg geparkt, hat man dasselbe Problem. Die Leute eumeln sich schräg und halb quer hinein in die Lücke, geben zu viel Gas, lassen die Kupplung schleifen, brettern hirnlos auf ächzenden Felgen über Kantsteine, die ihren Unterboden aufkratzen, und stehen am Ende so überaus verachtungswürdig hingerotzt in zwei Parklücken, dass man mit Fug und Recht eine Handgranate in ihre Spießerkarre werfen und sie mit dem Vorschlaghammer bearbeiten möchte.

Der fehlende Parkraum in unseren Städten ist nicht das Ergebnis falscher Verkehrsplanung, sondern die natürliche Konsequenz der Hirnlosigkeit und Denkschwäche des durchschnittlichen

Verkehrsteilnehmers bzw. Verkehrsverhinderers. Ignoranten, Dilettanten, Egozentriker und andere unakzeptable Elemente stehlen uns die Parklücken. Nur deshalb fahren wir abends wieder und wieder im Kreis. Denn *wir* kommen später nach Hause als diese Schwachköpfe, da *wir* einer anspruchsvollen Arbeit nachgehen. Das Ergebnis ist: Parkplätze gibt es keine mehr.

Das ist übrigens ein interessanter Gedanke: Was sind das eigentlich für Menschen, die bereits am frühen Abend sämtliche Parkplätze blockieren? Sicher ist doch, dass sie nicht bis in die Nacht hinein arbeiten müssen, denn sonst wären sie ja noch nicht da. Sie haben also geregelte Arbeitszeiten. Daraus kann man folgern, dass sie sich in einem höchstens mittelmäßig, wenn nicht gar schlecht bezahlten Anstellungsverhältnis befinden. Spitzenleute arbeiten abends immer sehr lange, und Selbstständige kommen auch erst spät nach Hause. Ahnen Sie schon, worauf der Autor hinauswill?

Es gibt einen natürlichen Zusammenhang zwischen dem intellektuellen Niveau des Fahrers und dem Blockieren von Parkplätzen. Das Mittelmaß findet einen Parkplatz, weil es einfach früher daheim ist, und die gesellschaftliche Elite kurvt nachts mit eingeschaltetem rechten Blinker durch unsere Wohnstraßen und hofft auf ein Wunder. Vielleicht tröstet Sie diese These ja ein wenig, wenn Sie wieder einmal keinen Parkplatz finden: Auch Sie gehören zur Elite.*

Wer für einen lächerlichen Kleinwagen mindestens zwei Parklücken braucht, den sollten wir an den Pranger stellen. Wir könnten zum Beispiel ein Foto von dem verachtungswürdigen Menschen und seiner Karre machen und es an die Laternenpfähle im Viertel kleben: »Diese Niete blockiert jeden Abend

---

* *Verallgemeinern kann man das allerdings nicht. Es gibt ja auch Mittelmäßige, die Spätschicht haben oder nach der Arbeit erst einmal eine Kneipe aufsuchen bzw. sich sonst wo herumtreiben.*

zwei Parklücken!« Das könnte uns ein gutes Stück im Kampf gegen Parklücken-Luschen weiterbringen.

Tankstellen sind nur noch grottenschlechte Supermärkte

Die Tankstelle war früher ein Ort, wo man zuverlässig alles rund ums Auto kaufen konnte. Diese merkwürdige Zeit, an die sich nur noch die Älteren unter uns erinnern, ist längst vorbei. Jüngere Menschen halten es für vollkommen normal, dass am nächstgelegenen Supermarkt »Aral« oder »Shell« dran steht, und sie wundern sich allenfalls, dass es dort auch noch Benzin gibt.

Fahren Sie heute mal an eine Tanke und sagen zu der Frau an der Kasse, dass eine Birne in Ihrem Scheinwerfer defekt ist und diese bitte ausgetauscht werden möge! Die Dame hat nicht nur nix in der Birne, sondern sie hat auch keine Birne, und außerdem ist niemand da, der diese Birne, selbst wenn sie zum Angebot dieses strafwürdig überteuerten Supermarktes gehören würde, austauschen könnte.

Auch die Frage, ob es wenigstens einen Schraubendreher gibt, mit dem man selbst den Scheinwerfer aufschrauben könnte, stößt auf ein leeres Lächeln mit einem großen Fragezeichen drin. Ebenso gut hätte man chinesisch sprechen können.

Sie werden an einer durchschnittlichen Tanke auch vergeblich nach lächerlichem Kfz-Zubehör wie zum Beispiel Isolierband suchen. Auch ein Überbrückungskabel findet man nur mit Glück an der Tanke, und wenn, dann ist es eher ein Spielzeugkabel mit dem Durchmesser eines Bindfadens. Damit kann man vielleicht einen elektrischen Rollstuhl aufladen, aber keinesfalls einen durchschnittlich stark motorisierten Pkw. Die normale Tankstelle, mit der wir es heute zu tun haben, ist eigentlich gar keine. Sie ist ein Witz.

Der Wein von der Tanke
ist ein Fall für den Staatsanwalt

Stattdessen gibt es an der Tanke von heute, und da wenden wir uns mal an die wahrhaft schlechten Menschen in den Führungsetagen der Ölkonzerne, den allerschlechtesten Wein zu derart sündhaft überhöhten Preisen, dass dieser Tatbestand schon wieder ein Fall für den Staatsanwalt ist.

Natürlich kauft man keinen Wein an der Tanke. Das macht nicht mal ein Penner. Aber wenn man nun mal zu Hause keinen mehr hat und es schon ziemlich spät am Abend ist, dann verlockt die Tanke dazu, es doch noch einmal zu versuchen. Obwohl bereits die letzten 40 Versuche, einen auch nur einigermaßen trinkbaren Wein an einer Tanke zu kaufen, im reinsten Desaster geendet sind.

Man fährt also wieder eine Tanke an, natürlich dieses Mal eine andere als die letzten 40 Male, und steht grübelnd vor einer Armada von Weinflaschen, die allesamt gar nicht mal so schlecht aussehen. Billig sind sie auch nicht. Das geht so ungefähr bei sieben Euro los. Man kauft sich also eine Flasche, fährt nach Hause, macht sie auf und hat zum einundvierzigsten Mal den billigsten, gepanschtesten, schrecklichsten und untrinkbarsten Kochweinverschnitt aller Zeiten auf der Zunge.

Er würde beim Aldi gar keine Chance haben, sondern die Aldi-Einkäufer würden ein solch schlechtes Gesöff nicht einmal in die Grabbelkiste legen. Sie würden dem Lieferanten die Tür zeigen und die Probeflasche an der Wand zerschmettern.

Noch schlechter als der Wein an der Tanke ist das belegte Baguette, das man dort kaufen kann. Es ist grundsätzlich pappig, weich und alt, außerdem ohne jeden Geschmack und die Wurst wellt sich schon an den Seiten, was ein chemisch behandelter und deshalb giftgrüner Salat zu kaschieren versucht. Dafür ist das Baguette an der Tanke richtig teuer. Es ist ein Wunder, dass man dort trotzdem ständig Menschen beobachten kann, die sich eine solche kulinarische Frechheit schmatzend zu Leibe führen. Wie tief sind wir eigentlich gesunken, dass wir uns von gewissenlosen Konzernen mit keinerlei Gefühl für die Geschmacksnerven der Kundschaft jeden Dreck vorsetzen lassen und den auch noch teuer bezahlen?

Schluss mit der Wegelagerei an der Zapfsäule

Auch an der Zapfsäule, an der man das Kerngeschäft der Mineralölkonzerne vermuten sollte, sind wir vor Beschiss nicht sicher. Hier soll gar nicht die Rede von den überhöhten und willkürlich festgesetzten Spritpreisen sein, sondern es geht um den fiesen Trick mit dem erzwungenen Trinkgeld.

Einige Konzerne sind kürzlich auf die Idee gekommen, dass die nostalgische Wiederbelebung des Tankwartes eventuell eine zusätzliche Einnahmequelle darstellen könnte. Es war ja früher selbstverständlich, dass einem ein netter Mensch in einem sauberen Overall beim Betanken des Fahrzeuges, bei der Kontrolle des Ölstandes und beim eventuell notwendigen Auffüllen des Reifendruckes und des Wischwassers behilflich war, wofür man ihm dann auch gern eine kleinere Münze in die Hand drückte.

Einige Jahrzehnte war das nicht mehr möglich, da der Trend zum Do-it-yourself ging und der Tankwart einfach eingespart wurde. Überwachungskameras, große Nummern an den Tanksäulen und seit einiger Zeit sogar Automaten zum Herausgeben des Wechselgeldes an der Kasse ersetzten den persönlichen Kontakt von Mensch zu Mensch.

Jetzt also gibt es wieder so etwas wie den Tankwart, nur anders und total pervers: Der Autofahrer, nichts Böses ahnend, fährt an die Tanke ran und es schleimt sich ein Mensch ohne weitere Fachkenntnis an ihn heran. Er fragt, ob er vielleicht behilflich sein könnte. Arglos sagt der Autofahrer: »Ja, gerne!«, und er freut sich sogar über dieses Serviceangebot. Kaum hat der Kerl aber den Stutzen aus dem Tank gezogen, drückt er dem Autofahrer einen Zettel in die Hand, und auf dem steht sinngemäß: »Wenn Ihnen unser Service gefallen hat, dann geben Sie diesen Zettel bitte der Kassiererin. Die zieht dann 50 Cent mehr ab.«

Na, super. Hierauf ist man sinnigerweise vorher nicht hingewiesen worden. Natürlich kann man den Zettel auf dem Weg von der Tanksäule zur Kasse zerknüllen und wegwerfen, aber wir sind ja wohlerzogen. Das machen wir also nicht.

Das quasi zwangsverordnete Tankstellen-Service-Trinkgeld entmündigt den autofahrenden Bürger und macht ihn zum Deppen der Ölkonzerne. Dass man nach dem Tanken an der Kasse auch noch mit Fragen belästigt wird, ob man vielleicht ein Einmalfeuerzeug kaufen möchte, ob man Punkte sammelt und ob man im ADAC ist, sind weitere lästige Eingriffe in unsere Privatsphäre. Man sollte die Tanke nur noch zum Tanken anfahren, keinen Service in Anspruch nehmen, keine Baguettes und keinen Wein dort kaufen und auf Routinefragen der vor sich hin plappernden Kassiererin grundsätzlich nicht antworten.

Es gibt sogar Standard-Sätze, die jede Tankstellen-Kassiererin sagen muss, und zwar zu jedem Kunden. Einer davon ist:

»Ich wünsche Ihnen noch einen erfolgreichen Tag.« Wenn man täglich an immer derselben Tankstelle hält, weil man dort vielleicht die Tageszeitung oder eine Packung Zigaretten oder einen Schoko-Snack abgreifen möchte, wird einem im Jahr 365-mal ein erfolgreicher Tag gewünscht, aber spätestens nach einer Woche kann man das nicht mehr hören. Es gibt Leute, die sagen schon an der Kasse beim Bezahlen: »Wünschen Sie mir ja keinen erfolgreichen Tag!« Die Kassiererin guckt wie eine Kuh vorm Scheunentor, gibt das Wechselgeld raus und flötet: »Ich wünsche Ihnen einen erfolgreichen Tag.«

Wer sich ans Tempolimit hält, der gilt als Arschloch

Es gibt Autofahrer, die haben ohne gravierendes eigenes Verschulden eine stattliche Anzahl von Punkten in Flensburg gesammelt. Der Autor dieses Buches gehört dazu.[*] Er wird nun also, wie viele Autofahrer mit ähnlichem Schicksal, einige Jahre die oftmals total sinnlosen Verkehrsregeln sklavisch einhalten müssen.

Da fährt man auf einer Bundesstraße, die einige Dellen aufweist. Das ist nicht schlimm. Es ruckelt halt etwas. Moderne Autos federn solche geringfügigen Unebenheiten ab. Aber irgendein Idiot in der Verkehrsbehörde, wahrscheinlich ein Grüner, hat etwas gegen Autos und nutzt diese winzigen Dellen im Asphalt, um ein Tempolimit von 60 Stundenkilometern

---

[*] *Acht Punkte, einige davon durch angeblich zu dichtes Auffahren, der Rest durch lächerliches Überschreiten der willkürlich festgelegten und praxisfernen Baustellen-Tempolimits auf Autobahnen.*

zu verordnen. Normalerweise würde sich kein Mensch daran halten.

Der mit acht Punkten in Flensburg *muss* sich daran halten. Und da zuckelt er nun wie ein Opa mit Tempo 60 über die Bundesstraße, vor ihm alles frei, hinter ihm zwei Kilometer Stau und die geballte Aggression von einigen Hundert Autofahrern, die ihn nachher bei erster Gelegenheit überholen und ihm dabei den Stinkefinger zeigen werden.

Es ist ganz schrecklich, wenn man sich an die Verkehrsregeln halten muss. Sie sind nämlich mitunter total pervers.

Da gibt es ein Autobahnstück auf der A 23 zwischen Hamburg und Heide, wo die autofeindlichen Verkehrsplaner uns Autofahrer besonders intensiv quälen. Sie haben nämlich Folgendes verordnet: Links darf man 120 fahren, aber rechts nur 80. Hm. Links 120, rechts 80. Okay. Man fährt nun also links, und zwar 120. Von hinten kommt jemand und möchte vorbei, weil ihn die 120 nicht interessieren. Was soll man nun machen? Nach rechts mit 120? Eine Radarfalle in diesem Moment würde weitere Punkte bedeuten. Oder sollte man links auf 80 abbremsen und erst dann nach rechts rüberziehen? Das könnte ein Auffahrunfall werden. Oder gleich rechts bleiben und durchgängig 80 fahren? Das wäre eine unzulässige Diskriminierung von allen, die Punkte in Flensburg haben.

Keine Frage: Die Lage ist verzwickt. Haben Sie vielleicht eine Lösung dieses Problems? Der Autor bittet dringend um sachdienliche Hinweise!*

Aber man braucht gar nicht solche verwirrenden zweigeteilten Tempolimits, um den Wahnsinn auf unseren Straßen hautnah zu erleben. Sondern auch auf einer ganz normalen Autobahn mit freier Fahrt und ausnahmsweise mal ohne Tempolimit kriegt man die Krise, wenn man sich an die Vorschrif-

* *www.haukebrost.de*

ten hält. An dieser Stelle sind die In-die-Lücke-hinein-Drängler erwähnenswert.

Zum Teufel mit den In-die-Lücke-hinein-Dränglern

Wer den gesetzlich geforderten Mindestabstand zum Vordermann einhält, kommt auf der Autobahn überhaupt nicht mehr voran. Diese alltägliche Szene kennt jeder von uns: Man nähert sich so ganz gemächlich mit 180 von hinten und da überholt einer mit 130 einen, der 128 fährt. Das kann dauern, aber man hält natürlich trotzdem brav die geforderten 75 Meter Abstand ein. Weil man ja diese acht Punkte oder mehr in Flensburg hat.

Der respektvolle Abstand zum Schleicher auf der Überholspur wird dreierlei zur Folge haben. Erstens: Der Schleicher erspäht irgendwo weit weg am Horizont ein weiteres Fahrzeug, das er auch noch gern überholen möchte. Deshalb bleibt er die nächsten drei Kilometer auf der linken Spur, denn hinter ihm ist ja nix.

Zweitens: Er kommt überhaupt nicht auf die Idee, dass jemand ihn überholen will, sondern er hält das Auto im Rückspiegel für einen anderen Schleicher, der genauso langsam fahren möchte wie er selbst.

Drittens: In die 75-Meter-Lücke zwischen dem Schleicher und seinem Hintermann, nämlich uns, werden sich auf den nächsten Kilometern mindestens fünf andere Schleicher hineinmogeln, da sie die entstandene Lücke nicht für einen Sicherheitsabstand, sondern die linke Spur für fast gänzlich frei halten. So ist man gezwungen, ein ums andere Mal wieder abzubremsen, um den verloren gegangenen Abstand zum neuen Vordermann wieder auf 75 Meter zu bringen.

Dies wiederum führt bei den diversen Schnellfahrern, die sich inzwischen hinter einem angesammelt haben, mindestens zu Missmut, wenn nicht gar zu gefährlichen Aktionen wie radikalem Dichtauffahren, Blinker links, Lichthupe usw.

Da draußen auf der Straße sind wirklich sehr viele Deppen unterwegs. Sie wissen nicht einmal, was Sicherheitsabstand bedeutet. Sie ziehen stattdessen erst dann nach rechts rüber, wenn man ihnen in die Stoßstange kriecht. Dann jedoch regen sie sich auf und drohen mit dem Finger, diese dilettantischen Oberlehrerverschnitte.

Schluss mit dem Poller-Wahn!

Autofahrer zu gängeln und zu drangsalieren ist eine der Lieblingsbeschäftigungen von Lokalpolitikern und ein immer wieder gern verwendetes Instrument, um sich beim Wähler zu profilieren. Da es aus verschiedenen Gründen unmöglich ist, das Autofahren in der Stadt gänzlich zu verbieten (man hätte dann nämlich auch kein Geschäftsleben mehr), verbietet man wenigstens das Parken.

Wo Autofahrer also parken könnten, stellt man Poller auf. Jeder von uns hat sich schon mal über Poller geärgert, die einfach nur so dastehen und eigentlich nichts Gutes bewirken, also zum Beispiel eine Feuerwehreinfahrt freihalten oder einem anderen edlen Zweck dienen. An sich hätte es der Poller als solcher auch niemals in dieses Buch geschafft, denn das heißt ja »Das kleine Buch der schlechten Menschen« und nicht »Das kleine Buch der schlechten Poller«. Es sind aber Menschen, die bisweilen dem Poller-Wahn verfallen, sie leiden an Polleritis, sie können nicht mehr aufhören zu pollern, und wenn man die nicht stoppt, dann gibt es plötzlich in einem Viertel mehr Poller als Menschen.

Genau das ist zum Beispiel in der Hamburger HafenCity der Fall. Sie wissen ja: Diese ebenso größenwahnsinnige wie hässliche Bausünde, die uns stets als Musterbeispiel ambitionierter hochmoderner Architektenkunst verkauft wird, im Wesentlichen aber aus verschiedenen, nicht zusammenpassenden Häuserklötzen in Schuhkarton-Form besteht. Da müssen Sie mal langgehen. Da herrscht die Polleritis. Über ganze Straßenfluchten steht alle drei oder vier Meter ein etwa 50 Zentimeter hoher grauer Zylinder, damit ja kein böser Autofahrer es wagt, außerhalb der gebührenpflichtigen und durchaus nicht preiswerten öffentlichen Garage zu parken. Selbst die kleinste Grünfläche, nur halb so groß wie ein Reihenhaus-Vorgarten, ist sorgsam von bis zu zwölf Pollern umgeben. In einer einzigen Straße, die man leicht in vier Minuten vom Anfang bis zum Ende geht, stehen über 260 dieser hässlichen Dinger! Das hat nichts mehr mit vernünftiger Verkehrslenkung zu tun, sondern es deutet auf den zwangsneurotischen Perfektionswahn von psychisch prekären Poller-Fetischisten hin.

Kleine Beamte haben sehr oft ein Geschmacks-Defizit. Auch das sieht man an den Pollern, die ja von irgendjemandem ausgesucht worden sein müssen. Hellrote Klötze, die wie Panzersperren aussehen, sind zum Beispiel sehr beliebt. Stählerne Zylinder sind was für die feineren Viertel. Nur wenige Beamte entscheiden sich für Lkw-Reifen, in die Stiefmütterchen hineingepflanzt werden können, oder gleich für Blumenkübel. Mit am beliebtesten sind aber streichholzdünne rot-weiße Mager-Poller, weil die nämlich am billigsten sind. Es sind aber auch die ersten, die kaputt gefahren werden.

Her mit der Pkw-Maut!

Ein Tag auf der Autobahn könnte wunderbar entspannt sein. Es wäre ganz einfach: Die lahmen Enten bleiben rechts und wagen sich nur dann auf die linke Spur, wenn diese frei ist. Wer schnell fahren möchte, hat links freie Bahn und zieht stressfrei an den lahmen Enten vorbei. Sicher müsste man als Schnellfahrer hin und wieder einmal in die Bremse latschen, weil der eine oder andere auf der rechten Spur gepennt oder seine Brille vergessen hat. Aber das wäre die Ausnahme. Schleicher und Schnellfahrer könnten sich eigentlich sehr gut miteinander vertragen.

Leider ist dies nur ein schöner Traum. Die Tempo-100-Schleicher machen sich nämlich einen Spaß daraus, im letzten Moment den Blinker zu setzen und einen von 230 auf 100 Stundenkilometer herunterzubremsen. Sie fühlen sich dabei vollkommen im Recht. Schnellfahrer sind für sie irgendwie unsozial, weil die mehr Sprit verbrauchen als sie selbst. Deshalb ist jedes größere Auto für diese anmaßenden Greenpisser ein Klimakiller, den man ausbremsen muss.

Im Mittelalter war alles ganz einfach. Da jagte der Fürst mit seiner vierspännigen Kutsche über Stock und Stein, zwei Reiter vorweg, zwei hinterher, und die Bauern zogen ihre Mützen und sahen zu, dass sie ihre Hühner rechtzeitig von der Straße bekamen.

Wäre so ein Bauer der Fürstenkutsche mit seinem Heuwagen in die Quere gekommen, dann hätte es mächtig Ärger gegeben. Wahrscheinlich hätten die Schergen ihn am nächsten Baum aufgehängt. Heute jedoch zeigt jeder armselige Rostlaubenbesitzer dem Schnellfahrer seinen Stinkefinger und bremst ihn absichtlich aus.

Das mit dem Mittelalter ist ein etwas abenteuerlicher Gedanke, aber er kommt einem automatisch, wenn man zum hundertsten Mal hinter einem schrottreifen Fiat Panda oder einem durchgerosteten tschechischen Škoda in die Eisen musste, um ihn nicht von der Straße zu fegen. Da hat man dann ja genug Zeit zum Träumen, und da wünscht man sich bisweilen tatsächlich, dass man der Fürst in der Kutsche wäre. Aber dann denkt man an die ganzen Schlaglöcher, über die rasende Kutschen damals hüpfen mussten, und was für ein Segen doch die deutschen Autobahnen sind.

Ach: Darf man das überhaupt sagen, dass Autobahnen ein Segen sind?, so spinnt man den historischen Gedanken weiter, während man immer noch mit 100 Sachen hinter Panda oder Škoda hertrottelt. Dem Schnellfahrer ist es herzlich egal, wer die Idee mit den Autobahnen hatte. Und wenn es Idi Amin gewesen wäre. Den kennt heute auch keiner mehr, fragen Sie mal Ihre Kinder!*

Man darf sich als Schnellfahrer natürlich nicht wie ein Fürst in der Kutsche fühlen, man darf nicht davon träumen, Linke-Spur-Schleicher aufzuknüpfen, und man darf die Autobahnen auch nicht gut finden. Arbeitet man bei der *Tagesschau*, kann man wegen solch leichtfertiger Äußerungen sogar den Job verlieren! Das soll uns doch ein mahnendes Beispiel sein.

Aber es ist nicht verboten, die Maut für Autobahnen gut zu finden. Sie könnte eigentlich gar nicht hoch genug sein.

---

* *Idi Amin Dada war zwischen 1971 und 1979 Diktator in Uganda. Den Titel »Seine Exzellenz, Präsident auf Lebenszeit, Feldmarschall Al Hadji Doktor Idi Amin Dada, Herr aller Kreaturen der Erde und aller Fische der Meere und Eroberer des Britischen Empires in Afrika im Allgemeinen und Ugandas im Spziellen« gab er sich selbst. Er ließ circa 400.000 Regimekritiker und Leute, die er nicht mochte, äußerst brutal ermorden. Weil nicht schnell genug ausreichend viele Gräber ausgehoben werden konnten, ließ er seine Opfer in den Nil werfen, wo sie von Krokodilen gefressen wurden. Am Viktoria-See hätte er gern ein Denkmal für Adolf Hitler gebaut, aber das hat ihm der damalige sowjetische Botschafter in Uganda irgendwie ausreden können. Idi Amin starb 2003 im saudi-arabischen Exil an Nierenversagen. Ob ihm jemand nachgeweint hat, ist nicht überliefert.*

Alle Lahmärsche würden die Autobahn sofort meiden, denn Schleicher und Geizkragen sind irgendwie seelenverwandt. Zumindest gibt es unter Geizkragen garantiert mehr Schleicher als unter Menschen, die sich gern von ihrem Geld trennen! Der Schleicher als solcher ist derart geizig, dass er seinen Bordcomputer ständig den aktuellen Verbrauch anzeigen lässt und wenn er über vier Liter auf 100 Kilometer kommt, dann schleicht er noch langsamer als sonst.

Lassen Sie uns die Vorteile einer Pkw-Maut noch einmal zusammenfassen. Erstens kommen wir, also die Guten, schneller ans Ziel, zweitens sparen wir Sprit durch weniger Bremsen, drittens gibt es weniger Staus, viertens gibt es weniger Verkehrstote, weil weniger Schnarcher dem Stau hinten reinfahren können, fünftens haben wir weniger Stress und sechstens nutzt sich der dank »Public Private Partnership«[*] ohnehin schon nachlässig aufgetragene Asphalt weniger ab.

Das Fazit aus diesem Kapitel

Wir werden künftig auf unserer Vorfahrt bestehen, rasende Fahrradkuriere vom Sattel schubsen, auf den vorgeschriebenen Sicherheitsabstand pfeifen und drängeln, was das Zeug hält. Das sollte man natürlich alles nicht tun, aber es hilft ja nichts. Die Schlechten werden immer mehr, und wir Guten müssen uns endlich zu einer kampfbereiten Truppe zusammenschließen. Eigentlich müssten wir eine Partei gründen

[*] *Unter »Public Private Partnership« (PPP) versteht man die Übernahme von staatlichen Aufgaben durch private Unternehmen, was aber eine Schwachsinns-Idee ist, denn die privaten Unternehmen liefern in aller Regel Schrott ab und wollen nur kassieren.*

zur Durchsetzung unserer Interessen im Straßenverkehr. Oder wir brauchen ein Erkennungszeichen an der Windschutzscheibe, so wie den »Grünen Punkt« in den Zeiten der Ölkrise und des Fahrverbots im vorigen Jahrhundert: Der signalisierte »Ich nehme dich in meinem Auto mit!«, und das heutige Symbol würde bedeuten: »Ich setze mich durch!« Wie wäre es mit einem Totenkopf oder einem Steuerrad, in dem ein Messer steckt? Irgendwie müssen wir Guten uns zu erkennen geben. Dann pinkeln plötzlich zehn Gute, also solche wie wir, an die Kotflügel von einem Zweite-Reihe-Parker vom Paketlieferdienst. Der wird sich gegen zehn Leute, die alle das Steuerrad mit dem Messer an der Windschutzscheibe haben, bestimmt nicht durchsetzen können! Zivilcourage ist gefragt. Die hat viele Gesichter. Eines davon kann durchaus sein, dass plötzlich zehn Autofahrer aussteigen und den Hosenschlitz öffnen, um einem Verkehrsverstopfer ans Auto zu pissen.

Es wäre aber ungerecht, nur auf Azubis, Praktikanten und Trainees herumzuhacken. Sprachlosigkeit, Feigheit, mangelnde Kreativität und die Sehnsucht, sich ohne aufzufallen im Mainstream zu bewegen, sind auch Charaktereigenschaften der älteren Generation. Sonst wären diese ergrauten Marionetten nämlich gar nicht mehr dort, wo sie sich mühsam hingearbeitet haben. Ihr Widerspruchsgeist ist erlahmt, ihre Motivation geht gegen null, sie haben längst mit der Firma abgeschlossen und wollen nur noch eins: an jedem Ersten einen wohlgefälligen Blick auf ihren Kontoauszug werfen können, bis dann eines Tages endlich die Lebensversicherung fällig wird und sie der verhassten Tretmühle entfliehen können. So lange nicken sie vor sich hin wie Wackel-Dackel früher auf der Hutablage der Autos unserer Eltern. Schlecht sind sie, illoyal und vor allem feige.

2. KAPITEL

Schlechte Menschen
in der Firma

☠

Vom Elend, morgens Fahrstuhl zu fahren

Gefühlte 95 Prozent aller Menschen, die morgens einen Fahrstuhl betreten, befinden sich noch im Halbschlaf. Sie drücken hirnlos einen Knopf, ohne zu bedenken, in welche Richtung sie eigentlich fahren möchten. Dann betreten sie ebenso hirnlos einen Fahrstuhl, der in die falsche Richtung fährt. Dann steigen sie wieder aus. Wenn man eine Frage nie wieder hören möchte, dann diese: »Fährt der rauf oder runter?«, denn die Antwort steht draußen dran (Pfeil über der Tür).

Es gibt verschiedene Fahrstuhl-Typen. Hier sind die am häufigsten vorkommenden.

Die *Blind-Drücker.* Wissen zwar so ungefähr, wo sie hinwollen, drücken aber das falsche Stockwerk, was man bekanntlich nicht mehr korrigieren kann, entschuldigen sich wortreich und drücken das richtige. Sorgen regelmäßig für Halts, bei denen niemand ein- oder aussteigt.

Die *Zu-spät-Kommer.* Sie machen auf eilig und werfen sich wie ein Torwart in die sich soeben schließende Tür, woraufhin die wieder aufgeht. Warum bleiben die nicht gelassen und nehmen einfach den nächsten Lift nach oben? Bei der Arbeit haben sie es doch auch nicht so eilig!

Die *Sprüche-Klopfer.* Dumme Fahrstuhlsprüche wären ein eigenes Buch wert. Hier die dümmsten. Platz 5: »Der hält ja an jeder Milchkanne!« Platz 4: »Zu Fuß wär'n wir schneller.« Platz 3: »Drücken Sie mal die Fünf?« Platz 2: »Na, pass ich noch rein?« Platz 1: »Fährt der nach oben oder nach unten?«

Und die hektischen »*Tür-zu-Knopf-Drücker*«. Sie können es einfach nicht abwarten, bis sich die Tür von selbst schließt. Stattdessen drücken sie hektisch auf den Tür-zu-Knopf, meistens mehrmals, und hoffen, dass sich die Tür dadurch schneller schließt. Selbst wenn das der Fall wäre, würden sie wahrscheinlich in ihrem gesamten Arbeitsleben zusammengerechnet acht Sekunden sparen. Aber sie drücken und drücken. Jeden Tag. Ihr ganzes Leben lang.*

Junge aufstrebende Talente
sehen alle gleich aus

Wenn wir heute schon in einem Fahrstuhl gefahren sind (nachzulesen im vorigen Kapitel), dann haben wir uns natürlich auch einmal die jungen Leute angeschaut, die sich dort wie die Sardinen in der Dose aneinandergepresst haben mit ihren einfallslosen schwarzen Chemiefaser-Laptop-Taschen. Und was haben wir da festgestellt?

Wir haben festgestellt, dass die alle gleich aussehen! Die sind mit hoher Wahrscheinlichkeit geklont! Alle jungen Leute mit Aufstiegs-Chancen tragen die gleichen Klamotten, haben denselben Friseur, kaufen ihre Mäntel im selben Laden und müssen kleine Filzstift-Punkte auf ihre Smartphones machen, damit sie nicht zufällig das vom Kollegen benutzen. Alle telefonieren nämlich mit dem gleichen Modell in der gleichen Farbe.

Diese einfallslosen und austauschbaren Klone sind vielleicht gar nicht von dieser Welt. Das muss man ernsthaft in Erwägung ziehen. Es könnten Aliens sein, die von einem fernen Planeten zu uns geschickt wurden. Sie sollen uns Menschen auskundschaften, einige von uns lebend mit nach Hause bringen (für

---

* *Eine US-Universität hat untersucht, ob Fahrstuhlfahren überhaupt Zeit spart. Ergebnis: Nein. Wer zu Fuß läuft, ist wegen des Wartens auf den Fahrstuhl im Schnitt deutlich schneller am Ziel.*

Menschenversuche in Labors) und alles für die Übernahme der Erdkugel vorbereiten.

Natürlich brauchen diese gleichgeschalteten Klone eine glaubhafte Legende, die man ihnen abnimmt. Man hat sie deshalb mit makellosen Abi-Zeugnissen, diversen superben Praktika-Bescheinigungen aus dem In- und Ausland und mindestens einem Blitz-Studium samt hervorragendem Examen ausgestattet und sie als hoffnungsvolle Trainee-Talente direkt in die Vorstandsetagen unserer Konzerne eingeschleust.

Zwar kann ein normaler junger Mensch im zarten Alter von 25 Jahren unmöglich a) ein Abitur mit Notenschnitt 1,0, b) fünf Halbjahres-Praktika, c) zwei brillante Staatsexamen und d) mindestens ein Jahr im Ausland im Lebenslauf haben, aber das haben die Bosse unserer durchgestylten Karriere-Klone da oben auf dem fernen Planeten irgendwie nicht berücksichtigt.

Heute gilt: Sei getunt und angepasst, halte das Maul und hebe dich ja nicht von der Masse ab. Das ist der Grund, warum uns auf den Fluren, in den Kantinen, in den Fahrstühlen und in den vielen lächerlichen Meetings, die heutzutage abgehalten werden, so viele junge Leute begegnen, die man einfach nicht mehr voneinander unterscheiden kann.

Streichen Sie doch so einem aufstrebenden Trainee mal übers gegelte Haar: Da ist womöglich eine Antenne drunter! Der ist ferngesteuert! Und der postet auch nix bei Facebook, wenn er pausenlos auf sein Smartphone einhackt. Der kontaktet stattdessen seinen Führungsoffizier viele Billionen Lichtjahre entfernt von hier und schlägt ihm vielleicht gerade vor, dass *Sie* für Menschenversuche am lebenden Objekt mit dem nächsten Raumschiff nach oben verschleppt werden sollen! Trainees und anderen jungen Erfolgreichen kann man heutzutage nicht mehr trauen. Ja: Sie *sind* von einem fremden Stern. Und sie sind alle gleichgeschaltet. Wie schrecklich.

Der Chef machts vor
und alle machen es nach

Es ist aber nicht nur so, dass sich die jungen Aliens alle das Gleiche anziehen und zum selben Friseur gehen. Sie möchten sich auch alle genauso geben wie ihr jeweiliger Chef.

Man kann zum Beispiel darauf wetten, dass ein neuer Chef, der die Uhr rechts trägt, innerhalb einer Woche von lauter jungen Aliens umgeben ist, die ebenfalls die Uhren rechts tragen.[*] Und zwar ohne Absprache.

Gern kopiert wird auch das Tragen von lässig aufgerollten Hemdsärmeln, der Dreitagebart oder die bei einem Meeting über die Schulter geworfene Krawatte. Alles wird kopiert. Es wächst da eine austauschbare Generation in zivilem Uniformlook heran, gegen die die Freie Deutsche Jugend in der DDR ein wilder Haufen von schwer zu domestizierenden Individuen gewesen ist. »Unter gegelten Haaren die Langeweile von 1000 Jahren«, möchte man rufen[**], denn Hand in Hand mit dem Einheits-Outfit der jungen Generation geht ihre erschrecken-

---

[*] *So hat zum Beispiel der ehemalige VW-Vorstand José Ignacio López de Arriortúa (geb. 1941, zuvor für Opel und GM tätig) die Uhr als Zeichen seiner Durchsetzungsstärke stets rechts getragen, was von seinen Mitarbeitern nach Medienberichten sofort kopiert wurde. López wurde durch das besonders brutale Drücken von Zuliefererpreisen bekannt. Viele seiner Sparmaßnahmen bei der Konstruktion von VW-Modellen kamen die Käufer später jedoch teuer zu stehen. Weil López' Leute offenbar Betriebsgeheimnisse von Opel zu VW mitgenommen hatten, musste er nach einem längeren Rechtsstreit bereits nach drei Jahren (1996) seinen Hut nehmen.*

[**] *»Unter den Talaren – Muff von 1000 Jahren« war der Text eines Transparentes, das kritische Studenten im Audimax der Hamburger Universität 1967 während der Übergabe des Uni-Rektorates enthüllten. Scheidender und neuer Uni-Rektor trugen dabei ihre Amtstrachten (»Talare«). Die Studenten protestierten mit der damals sehr spektakulären Aktion gegen die ihrer Meinung nach mangelhafte Aufarbeitung der Rolle der Universitäten im Dritten (»1000-jährigen«) Reich. Das Foto von dieser Aktion ging um die Welt. Das Original-Transparent wird heute im Staatsarchiv der Freien und Hansestadt Hamburg aufbewahrt.*

de geistige Angepasstheit und als deren Folge ihr Mangel an eigenen Meinungen sowie ihre bis zur Perfektion getriebene Lustlosigkeit, sich aus der Masse zu lösen und irgendwie aufzufallen.

Wir haben eine Generation von fantasielosen und unbegabten Feiglingen herangezogen. Und das ist wirklich ein Alarmsignal.

Zu viele Ja-Sager in den sogenannten »Meetings«

In einem großen Betrieb aus der Kreativ-Branche gibt es ein tägliches Meeting, in dem Ideen gefragt sind. Es ist das Prinzip dieses Meetings, dass wirklich jeder (selbst der unwichtigste Praktikant) dort seine Vorschläge, gern auch verrückte Spinnereien, harsche Kritik an Kampagnen, konstruktive oder schwachsinnige Verbesserungsvorschläge, kurzum alles, was irgendwie zum Neu- und Querdenken anregen könnte, zu Gehör bringen darf und auch soll.

Man sollte nun erwarten, dass vor allem junge Leute (Praktikanten, Auszubildende, Trainees usw.) diese geniale Chance nutzen, um sich von der Masse abzuheben und sich einen Namen zu machen. Interesse zu erregen. Sich zu profilieren. Die Blicke der Bosse auf sich zu ziehen. Mit ihnen ins Gespräch zu kommen. Sie zu korrigieren. Frech zu sein. Auch mal über die Stränge zu schlagen. Sich aufzuregen. Rot anzulaufen. Sich zu engagieren. Und Emotion zu zeigen.

Zu sagen: »Nein, Leute, so funktioniert das nicht!« – »Geht doch mal auf die Straße und hört den Leuten da draußen zu!« – »Fragt doch mal meine Oma!« – »Entschuldigen Sie, aber Sie liegen total daneben.« – »Ich kann Ihnen nicht folgen.« – »Sie wissen nicht mehr, was da draußen auf der Straße passiert.« – »Sie leben in einem Elfenbeinturm.« – »In meinem Umfeld ...« – »Wenn ich meine Freunde frage ...«

Erwartet man diese Querdenkerei, dieses Engagement und vor allem den Mut, eine eigene Meinung zu vertreten, vielleicht von Mitarbeitern, die seit 30 Jahren oder mehr ihren Job machen und nur noch der Rente entgegendösen? Zunächst einmal erwartet man Kreativität, Frechheit, Mut, Engagement und Ideenreichtum von der jungen Generation, die doch alle (!) weltweit verfügbaren Informationen spielerisch zu nutzen weiß und mit ihnen perfekt umgehen kann, die sich dringend vom stets wachsenden Konkurrenzdruck der akademischen Bewerberschwemme absetzen muss und die vor allem gar nichts zu verlieren, aber sehr viel zu gewinnen hat.

Wissen Sie, was in den Kreativ-Meetings stattdessen passiert?

Da sitzen 20 gestylte und gleichförmig gegelte junge Akademiker mit leeren Augen Tag für Tag und gucken wort- und hirnlos ihre Chefs an, die ihrerseits auf die 20 gestylten und gleichförmig gegelten jungen Akademiker gucken. An manch einem Tag sagt einer der Chefs: »Und was haben unsere jungen Leute heute beizutragen?«, was schon fast einem Peitschenhieb gleicht, denn auf derlei direkte Ansprache sind unsere Nachwuchskräfte nicht vorbereitet, und sie werden rot oder verstecken sich hinter ihrem Nachbarn.

Am nächsten Tag stehen sie dann lieber gleich hinter einer Säule und bleiben da stehen, bis das Praktikum vorbei ist und sie die Bestätigung über dieses Praktikum für ihren Lebenslauf einscannen können. Beizutragen haben sie überhaupt nichts.

Zwar sitzen sie jeden Abend in der gerade angesagtesten Bar und schlürfen einen Latte, posten das sinnloserweise an ihre Freunde *(»Ich bin hier«),* aber sie denken dabei nicht nach, sie sind leer in der Birne, und man möchte sie schütteln, diese hirnlosen, hübschen durchgestylten Nullen, und zurückposten: »Ja, und was tust du dort, du Pfeife? Hast du heute schon eine Sekunde darüber nachgedacht, wie du morgen die Kollegen mit auch nur einer einzigen genialen Idee überraschen und verblüffen könntest?«

Das aber macht keiner. Es haben sich alle irgendwie damit abgefunden, dass die nächste Generation aus Nullen und Nieten besteht und dass man daran nichts mehr ändern kann.

Aber wie konnte es so weit gekommen? Warum *brennen* junge Leute heute für nichts mehr, sondern haben nur noch ein einziges Ziel: wie sie sich nämlich möglichst unauffällig, schleimig und gleichgeschaltet ins Hamsterrad der Festanstellung hineinmogeln können?

Es liegt sicher zum einen am Schulsystem, das immer mehr Pensum in immer kürzerer Zeit als Maßstab anlegt und keinen Raum mehr für die Entwicklung von kreativer Widerspenstigkeit lässt. Schon Sechstklässler haben heute erst einmal zu funktionieren. Sonst fallen sie durch den Rost.

Es liegt zum Zweiten an den Lehrern. Die meisten sind ausgebrannt, hohl und müde. Sie machen so eben noch ihren Job, zählen die Tage bis zu ihrer Frühpensionierung und werden nicht einen Deut mehr für die Kreativität der Kinder tun, als der Lehrplan das verlangt.

Es liegt zum Dritten an den Eltern, die ja meistens beide arbeiten und die Verantwortung für die Entwicklung ihrer Kinder deshalb den Lehrern überlassen. Na, super! Da haben sie den Bock zum Gärtner gemacht. Das Ergebnis sehen wir heute, wenn wir uns junge Leute im Kollegenkreis anschauen. Vorwiegend Nullen, Nieten, Ja-Sager und Pfeifen, die man kaum noch voneinander unterscheiden kann. Aber irgendwie haben sie alle einen so wunderbaren Lebenslauf, wie man ihn früher nicht einmal in 30 Berufsjahren hätte vorweisen können.

Auch ältere Kollegen ähneln BSE-Rindern

Es wäre aber ungerecht, nur auf Azubis, Praktikanten und Trainees herumzuhacken. Sprachlosigkeit, Feigheit, mangelnde Kreativität und die Sehnsucht, sich ohne aufzufallen im Mainstream zu bewegen, sind auch Charaktereigenschaften der älteren Generation. Sonst wären diese ergrauten Marionetten nämlich gar nicht mehr dort, wo sie sich mühsam hingearbeitet haben. Ihr Widerspruchsgeist ist erlahmt, ihre Motivation geht gegen null, sie haben längst mit der Firma abgeschlossen und wollen nur noch eins: an jedem Ersten einen wohlgefälligen Blick auf ihren Kontoauszug werfen können, bis dann eines Tages endlich die Lebensversicherung fällig wird und sie der verhassten Tretmühle entfliehen können. So lange nicken sie vor sich hin wie Wackel-Dackel früher auf der Hutablage der Autos unserer Eltern. Schlecht sind sie, illoyal und vor allem feige.

Die Feigheit der Kollegen führt natürlich dazu, dass die Chefs ihre eigenen Fehler gar nicht mehr bemerken, weil sie niemand mehr darauf hinweist. Also machen sie immer mehr und immer neue Fehler. Gleichzeitig wird das Betriebsklima immer schlechter, weil die Mitarbeiter die immer zahlreicher werdenden Fehler ihrer Chefs nur noch hinter vorgehaltener Hand kritisieren. Jeder kann das in der eigenen Firma genau beobachten.

Kommt es beispielsweise tatsächlich einmal vor, dass ein Kollege oder eine Kollegin einen Vorschlag macht oder eine Idee entwickelt, so schauen die anderen erst einmal auf den Chef und warten ab, wie der darauf reagiert. So lange wiegen sie den Kopf bedächtig hin und her, was sowohl ein Nicken als auch ein Kopfschütteln bedeuten kann. Es ist eine Bewegung, die an ein BSE-krankes Rind erinnert.

Signalisiert dann der Chef, was er von dem Vorschlag hält, so wird aus dem BSE-Kopfwiegen ein begeistertes Nicken oder ein abfälliges Kopfschütteln, natürlich begleitet von den entsprechenden gemurmelten oder laut gerufenen Kommentaren wie »Das hab ich doch neulich erst fast genauso vorgeschlagen«, »Bestens«, »Bravo« oder auch ganz gegenteilig »Wieder mal nichts begriffen«, »Herr, schick Hirn vom Himmel«, »Vor Inbetriebnahme der Sprechmaschine erst das Gehirn einschalten« usw. usf.

Widerspruchsgeist zeigen, sich als Querdenker profilieren, den »Advocatus Diaboli«* spielen, eigene Kreativität entwickeln und Denkanstöße geben: All das ist einer lähmenden Massenresignation im Berufsleben gewichen, die durchaus mit der grassierenden Politikverdrossenheit vergleichbar ist.

Als der damalige Bundespräsident Christian Wulff im Dezember 2011 wegen Ungereimtheiten im Zusammenhang mit einem Privatkredit und wegen zahlreicher Urlaube in Domizilen seiner niedersächsischen Millionärsfreunde ins Gerede kam, hielt ihn die Hälfte aller Deutschen für unglaubwürdig. Trotzdem waren 70 Prozent dafür, dass er im Amt bleiben sollte (bis er es am

---

* Als »Advocatus Diaboli« (lat., wörtl. übersetzt: »Anwalt des Teufels«) bezeichnete die römisch-katholische Kirche denjenigen Würdenträger, der bei der Debatte um Heilig- oder Seligsprechungen die jeweilige Gegenseite zu vertreten, also alle Argumente vorzutragen hatte, die dagegensprechen konnten. Heute bezeichnet man jemanden als »Advocatus Diaboli«, wenn er alles hinterfragt und grundsätzlich erst einmal eine Gegenposition einnimmt, um sich dann von einem anderen Standpunkt überzeugen zu lassen – oder auch nicht.

Ende doch noch aufgab). Das bedeutet: Die Glaubwürdigkeit eines Politikers selbst im höchsten deutschen Staatsamt ist dem Bürger vollkommen egal, ganz nach dem Motto: Die lügen doch sowieso alle! Deshalb muss keiner seinen Job aufgeben. Der Nächste wäre auch nicht besser.

Genauso verhält sich der Bürger auch am Arbeitsplatz: Die da oben machen doch sowieso, was sie wollen. Weshalb soll ich hier unten etwas riskieren? Angesichts dieser traurigen und gefährlichen Entwicklung ist es eigentlich ein Wunder, dass es uns Deutschen noch so gut geht. In Wahrheit sind wir womöglich der Pleite schon ganz nah.

Gleichgeschaltet und kahl rasiert

Hier war schon mehrfach die Rede vom gegelten Haar der gleichgeschalteten Generation, aber das ist nicht ihr einziges Erkennungszeichen. Es gibt auch stromlinienförmig angepasste Karrieremacher, die ihr Haar »krass steil« nach oben stylen. Wieder andere tragen überhaupt kein Haupthaar mehr, was nicht an der Zuhörigkeit zu einem Hooligan-Verein, an krankheitsbedingter Chemotherapie oder an natürlichem Haarausfall liegt. Die sind nur trendy rasiert. Die Nachwuchskraft von heute zeigt, was sie sein möchte, mit der Frisur. »Voll cool« muss die aussehen. Irgendwie »anders«. Aber weil alle »anders« aussehen wollen, sehen alle wieder gleich aus!

Der Trend zur Gleichschalterei ist unübersehbar. Frisuren, Handys, Laptops, die dazugehörigen Taschen, die Anzüge, die Krawatten, die Freundinnen oder Frauen, die Wohnviertel, die Kinder, deren Kitas, Klamotten und Hobbys, welchen Sport man treibt, wo man Urlaub macht: Auf einer Party mit

Führungskräften kann man einen kaum von dem anderen unterscheiden. Eine lustige Karikatur zeigte kürzlich lauter junge Männer bei einem Stehempfang, und alle trugen die gleiche schwarz geränderte Brille. In der Sprechblase sagte der eine zum anderen: »Mein Optiker ist super. Er verpasst mir genau das individuelle Brillengestell, das auf mich zugeschnitten ist.«

Wo sich alle in der Masse verstecken möchten, ist Individualität kein Wert mehr. Uniformität wird aber nicht nur von der Obrigkeit verordnet, um den Einzelnen am Denken zu hindern*, sondern Uniformität kann sich eine Gesellschaft auch selbst verordnen, um nicht mehr denken zu müssen und die Individualität des Geistes quasi per Mode-Diktat auszumerzen. Genau diese Situation haben wir gerade in der Gesellschaftsschicht unserer nachwachsenden Führungskräfte.

Immer mehr Häuptlinge,
immer weniger Indianer

Noch niemals in der Geschichte der Bundesrepublik gab es so aufgeblähte Wasserköpfe in den Führungsetagen der Konzerne wie heute.

Ein Tagesgeschäft, das früher von zwei Leuten auf Zuruf erledigt wurde, braucht heute fünf Youngster mit hochgestyltem Haar oder sechs Glatzköpfe oder sieben Gegelte. Ein oberwichtiges Meeting jagt unter ihrer Führung das nächste. Früher

---

* *Beispiele dafür gibt es genug, von der Mönchskutte mit kollektiver Tonsur über die soldatischen Uniformen seit dem Mittelalter bis hin zur Uniformierung der Freien Deutschen Jugend in der DDR und zum heute noch geltenden Einheitslook der Arbeiterinnen in Nordkorea.*

nannte man das Konferenz und hat es mit einem Viertel der Teilnehmer in einem Achtel der Zeit erledigt.

PowerPoint-Präsentationen treten an die Stelle des gesunden Menschenverstandes. Aufwendige und irrsinnig teure Marktforschungen ersetzen immer häufiger das sogenannte Bauchgefühl, das früher eine der wichtigsten Tugenden des erfolgreichen Managers war und das heute wegen absolut fehlender Nähe zum Konsumenten nicht einmal mehr Bestandteil des Youngster-Sprachgebrauches ist. *Bauchgefühl**: Man sollte das Wort wenigstens schon einmal gehört haben.

Gleichzeitig haben viele Nachwuchskräfte, frisch von der Uni eingekauft, nicht das Wohl der Firma im Fokus. Sondern ihre persönlichen Netzwerke. Sie machen sich stark für alles, was ihnen nützt. Und wieder bietet sich ein Blick in die Politik an. Politiker, so das herrschende »Bauchgefühl«, schielen nur auf das Ergebnis der nächsten Wahl. Das beherrscht ihr Denken und Tun. Es geht ihnen nicht so sehr um das Wohl, sondern um die Gunst des Volkes und somit um den Machterhalt. Ebenso ist es mit dem heutigen Führungskräfte-Nachwuchs und der Firma. Zwar sind diese Leute durchaus bienenfleißig und engagiert, aber sie kennen keinen Widerspruch, sie scheuen das Risiko, und wenn sie ihre Nase in den Wind stecken, dann haben sie sich dreifach oben abgesichert, ob ihre Meinungsäußerung nicht etwa gefährlich für sie werden könnte.

Was heute von der Uni kommt, hat schnell studiert und nichts kapiert. Je gegelter das Haar, desto dämlicher der akademische Youngster. Merke: Die mangels Sachkenntnis für die Volkswirtschaft gefährlichen Dilettanten von heute erkennt man an ihren künstlich rasierten Kreativ-Glatzen oder an ihrem gestylten Haar.

---

* *Dabei gilt ein gut ausgeprägtes »Bauchgefühl«, auch »Intuition« oder »emotionale Intelligenz« genannt, als wesentliches Merkmal eines qualifizierten Managements. Es gilt, die Bedürfnisse des Marktes zu erspüren und gleichzeitig einen gefühlsmäßigen innigen Kontakt zum Mitarbeiter wie zum Verbraucher zu entwickeln.*

»Stille Post« führt zu seltsamen Missverständnissen

Eine bedenkliche Randerscheinung des heute üblichen Selbst-absicherungs- und Ja-kein-Risiko-eingehen-Managements ist die Fokussierung der gesamten Belegschaft (vor allem der Führungskräfte in der zweiten und dritten Ebene) auf eine einzige gottähnliche Lichtgestalt in der obersten Etage. Die wichtigste Frage lautet nicht etwa: Was erwartet der Kunde von uns, und was kann ich für den Kunden tun?, sondern: Was würde »er« dazu sagen? »Er«, der da oben sitzt und über unser Fortkommen, Aufsteigen oder auch über unseren Absturz zu entscheiden hat.

Der Manager, der Abteilungsleiter, der Teamchef arbeitet also nicht für den Kunden, sondern primär für die gegenwärtige Befindlichkeit seines obersten Chefs. Er verbringt einen Großteil seiner Arbeitszeit in vorauseilendem Gehorsam damit, einen möglichst umfassenden Einblick in die Gedankenwelt des »Gottvaters« zu gewinnen, indem er zum Beispiel intensiv dessen Nähe sucht oder zumindest die Nähe von Kollegen, die ein wenig näher am Olymp sind, als er selbst es ist.

Dies hat unter Umständen skurrile, bisweilen sogar lustige, auf jeden Fall aber gefährliche Missverständnisse zur Folge. Die Gattin des allmächtigen Chefs einer großen Werbeagentur musste kürzlich wegen einer Erdnuss-Allergie ärztlich behandelt werden; in kleiner Runde am Rande eines Meetings äußerte sich der Agenturchef, also »Gottvater«, negativ über Erdnüsse.

Per »stille Post« sprach es sich in der Agentur recht schnell herum, dass Erdnüsse den Zorn von »Gottvater« heraufbeschwören könnten. Dass es sich lediglich um ein gesundheitliches Problem seiner Gattin handelte, wurde nicht kommuniziert.

Als wenig später ein Erdnuss-Hersteller in der Agentur vorsprach und um eine Kampagnen-Entwicklung für seine Produkte bat (immerhin ein Auftrag im höheren Umsatzbereich), stieß er in der zweiten Führungsebene auf äußerste Unlust und wurde quasi abgewimmelt. Es wollte keiner mehr etwas mit Erdnüssen zu tun haben. Erdnüsse galten als »out«.

Monate später traf der Erdnuss-Hersteller den Agenturchef, der von alledem nichts ahnte, bei einem Golfturnier, schilderte ihm die Geschichte und fragte, was die Agentur eigentlich gegen ihn habe. Es sind dann beinahe Köpfe gerollt, aber am Prinzip hat sich nichts geändert: Wie Kaninchen auf die Schlange starren die Führungskräfte der zweiten oder dritten Ebene auf den obersten Boss und fürchten nichts so sehr, als versehentlich in irgendein Fettnäpfchen zu treten.

Im Mainstream mitschwimmen ist wichtiger, als klare Kante zeigen. Zur Führungs-Gang gehören ersetzt die Zivilcourage. Widerspruch äußern ist so exotisch wie ein afrikanischer Stammesbrauch. Alle haben die gleiche Meinung, alle finden dasselbe toll, alle tragen die gleichen Klamotten, alle benutzen dieselbe Sprache, alle leben im selben Viertel, alle sind austauschbar und es würde sie niemand vermissen, wenn sie morgen tot wären: Tschüs, deutsches Management! Du hast dich selbst ad absurdum geführt.

Aber eines ist seltsam: Die Eltern und Lehrer der heutigen Generation zählten zu den 68ern und haben den damaligen Strippenziehern nicht den Arsch *geleckt,* sondern den Arsch *aufgerissen.* Nichts davon haben sie vererbt.

Herangezogen haben sie stattdessen eine angepasste Hofschranzen-Generation von willen- und gedankenlosen Ja-Sagern, die ohne Mumm und Moral ihren Chefs nach dem Munde reden.

Es gibt keine Streitkultur mehr in deutschen Firmen. Es denkt jeder nur noch an sich. Es macht sich auch keiner mehr gerade. Wir wollten nur das Beste für unsere Kinder, doch wir haben sie zu lächerlichen Clowns erzogen.

Im öffentlichen Dienst machen sie sich ein schönes Leben

Wenn man an einem warmen Sonnentag einen Servicewagen im Schatten parken sieht und der Fahrer döst, dann ist es meistens ein Fahrzeug von der Stadtverwaltung. Es ist unglaublich, dass hier nicht härter durchgegriffen wird. Wer einen Job als Arbeiter im öffentlichen Dienst ergattert, der kann sich glücklich schätzen: Mehr Freizeit hat keiner.

Der Staat ist pleite. Das weiß jeder. Schlaglöcher werden nicht mehr ausgebessert, Stadtteiltreffs bangen um ihre Zuschüsse oder werden gleich geschlossen, jeder zweite Ehrenamtliche hat Angst um sein soziales Projekt, Theater kämpfen ums Überleben, Kindergärten fehlen oder sind zu teuer, Mütter müssen deswegen zu Hause bleiben, und im Winter tastet sich Oma mit dem Krückstock über den spiegelglatten Bürgersteig zur nächsten Bushaltestelle und landet trotzdem mit Oberschenkelhalsbruch in der Klinik, woran sie sterben muss, denn Geld fürs Schneeräumen haben sie auch nicht mehr.

Es ist eine Katastrophe. Ein Wunder, dass die Müllabfuhr noch einigermaßen pünktlich kommt: Die Post kommt jedenfalls eher sporadisch an, und Postämter kann man sowieso mit der Lupe auf dem Stadtplan suchen. Man wird kaum noch welche finden.

Der Staat könnte ja nun auf die Idee kommen, mal bei sich selbst anzufangen und den eigenen Laden so richtig zu durchforsten, also an allen Ecken und Enden zu sparen und quasi eine Vorreiterrolle zu spielen. Das würde vielleicht auch den Griechen imponieren, von denen wir genau das ja im Jahre 2012 verlangt haben.

Tatsache ist aber, dass im öffentlichen Dienst nach wie vor sehr verhalten gearbeitet, stattdessen lange geträumt und endlos diskutiert, dann Pause gemacht und danach nur schleppend vor sich hin gegurkt wird. Man könnte viele Aufgaben des öffentlichen Dienstes mit der Hälfte der Leute doppelt so effektiv erledigen, wenn man die Lohnempfänger des Steuerzahlers mit der Peitsche zur Arbeit prügeln würde und einen Hauch von freier Marktwirtschaft in diesen gigantischen Wasserkopf pusten würde.

Sie sparen einfach an der falschen Stelle. Sozialarbeiter zum Beispiel, Jugendamt-Mitarbeiter und andere Leute, die sich um sozial Schwache kümmern sollen, gibt es viel zu wenige. Polizisten werden verschlissen, Feuerwachen werden geschlossen. Aber der Arbeiter im öffentlichen Dienst ist eine faule Socke.

Er ist es, den wir da im Schatten eines Straßenbaums schnarchen oder die *BILD* lesen sehen. Bevor er zur Schaufel greift, muss er erst einmal auf seinen Vorgesetzten warten, der ihm genau erklären soll, was man mit so einer Schaufel macht. Fix sind diese Schmarotzer des öffentlichen Dienstes (natürlich nicht alle, aber eben viel zu viele) im Einrichten von Baustellen, im Aufstellen von Verbotsschildern und im Tarnen, Täuschen und Verpissen. In keinem Betrieb der freien Marktwirtschaft hätten sie eine Chance. Sie lachen über den Staat, der sie bezahlt, und arbeiten am Wochenende äußerst fleißig auf irgendeiner Baustelle, was man Schwarzarbeit nennt. Aber bei nächster Gelegenheit stehen sie mit den orangfarbenen Plakaten von ver.di auf der Straße und lamentieren herum, wie mies sie doch bezahlt würden.

Der Staat brüstet sich gern damit, dass er immer mehr Arbeitsplätze schafft. Das ist aber Betrug. Eine »Arbeitsbeschaffungsmaßnahme« bedeutet nichts anderes, als dass Arbeit geschaffen wird, die es ohne Arbeitslose gar nicht gäbe. Es wird nicht etwa Arbeit, die gemacht werden muss, auf Arbeitslose *verteilt*, sondern es wird für Arbeitslose künstlich Arbeit *beschafft*. Dadurch werden Arbeitslose aber nicht plötzlich zu fleißigen, wichtigen Steigerern des Bruttosozialproduktes, sondern sie lachen sich tot, lehnen sich entspannt zurück und schnarchen im Schatten der Straßenbäume. Ihr Geld kriegen sie sowieso. Sie spotten über uns, die – blöd, wie wir sind – in der freien Marktwirtschaft tätig sind und uns das Kreuz kaputt malochen.

Alle Kollegen sind falsch und hinterhältig

Ihrem Hund können Sie alles sagen, und auf Ihr Auto können Sie sich verlassen. Aber machen Sie niemals den Fehler, einem Kollegen oder gar einer Kollegin zu vertrauen.[*] Diese Spezies Mensch gehört zu den schlechtesten überhaupt. Ein jeder von ihnen hat nur seinen eigenen Vorteil im Sinn. Ist ein Kollege freundlich zu Ihnen, dann buhlt er damit nur um Ihre Gunst. Er erhofft sich einen persönlichen Vorteil davon, denn Sie könnten ja einmal wichtig werden. Ist eine Kollegin nett zu Ihnen, will sie nur etwas aus Ihnen herauskriegen. Sie ist von Natur aus neugierig und falsch wie eine Schlange. Nirgendwo verstellen sich die Menschen so listig wie am Arbeitsplatz. Nirgendwo wird mehr intrigiert, gelogen und gemobbt als hier. Nirgendwo wird mehr Müll vor sich hin geplappert. Und nirgendwo wird

---

[*] *Wer mehr wissen möchte, dem sei des Autors Buch »Wie die lieben Kollegen ticken« ans Herz gelegt, da erfahren Sie 111 Fakten fürs Überleben im Haifischbecken.*

mehr Zeit mit privater Strategieplanung verballert als in der Firma.

Nun können Sie natürlich gegenargumentieren, dass Kollegen doch ganz normale Menschen sind, denen man ebenso gut beim Kaufmann begegnen könnte, oder sie könnten im Nachbarhaus wohnen! Das stimmt. Aber sobald der Mensch seine Firma betritt, ändert sich sein Charakter. Er wird böse.

Niemand verhält sich in der Firma so, wie er privat ist. Weil in der Firma jedes Wort wichtig, jeder Augenkontakt von Bedeutung, jede Geste entscheidend und jede falsche Bemerkung tödlich sein kann. Die Firma ist ein einziges riesiges Theater, in dem jeder eine bestimmte Rolle spielt: Der Chef spielt den Chef, der Depp spielt den Deppen und der Schleimer spielt den Schleimer. Es ist ja niemand im wahren Leben »nur« Chef, Depp oder Schleimer. Aber in der Firma geben sie sich so.

Gehen Sie getrost davon aus, dass kein Kollege Ihnen jemals sein wahres Gesicht zeigen wird! Das lässt er zu Hause. Freundlichkeit eines Kollegen ist Heuchelei, Anteilnahme einer Kollegin dient dem Abhängigmachen. Irgendwann wird sie etwas von Ihnen wollen.

Alles kann gegen Sie verwendet werden

Es gibt simpel gestrickte Dummköpfe, die in der Firma frei von der Leber weg plaudern und auch mal etwas Privates von sich preisgeben. Diese Narren werden niemals Karriere machen. Alles, was sie erzählen, wird von den Kollegen gnadenlos aufgebauscht, mit allerlei frei erfundenen Facetten versehen und umgehend weitergetragen, und zwar zum Schaden des gutgläubigen Erzählers. Nehmen wir einmal an, dass Sie als Frau an Scheidenpilz leiden und deswegen in Behandlung bei einem Gynäkologen sind. Die Kollegin, die Sie für Ihre beste Freundin halten, wird sich mit rührender Anteilnahme darüber erkundigen, was Sie denn schon wieder zum Gynäkologen treibt. Sie werden sich vielleicht ein wenig zieren, aber weil die Kollegin ja auch eine Frau ist, lassen Sie in einem Moment der Schwäche dann doch einmal das Wort »Scheidenpilz« fallen. Wissen Sie, was passieren wird?

Bereits nach weniger als einer Zigarettenpause im Raucherraum wird die gesamte Belegschaft, und zwar der weibliche *und* der männliche Teil, darüber informiert sein, dass Sie ein grausames, ansteckendes, möglicherweise sogar tödliches Leiden haben, in jedem Fall aber eine besonders gefährliche Form von Unterleibs-Pest, gegen die Aids eine leichtere Erkältung ist. Die scheinbar so nette Kollegin *kann* einfach nichts für sich behalten! Diese Dummkuh leidet (so wie alle anderen Kolleginnen auch) an verbaler Diarrhö; die Worte plumpsen unkontrolliert und eklig aus ihr heraus! Sie kann nicht einmal etwas dafür. Sie ist nämlich keine »Freundin«, sondern eine »Kollegin«, und das sollte eigentlich auf die Liste der Schimpfwörter gesetzt werden.

Aber selbst, wenn Ihre »Kollegin« das Geheimnis eine Weile für sich behalten kann: Stellen Sie sich vor, es muss eine Planstelle gestrichen werden. Entweder die von der Kollegin oder Ihre. Der Chef wird mit Ihnen beiden Einzelgespräche führen, um sich danach zu entscheiden. Es geht also um die Wurst: für Ihre Kollegin – und für Sie. Was wird geschehen? Spätestens in diesem Einzelgespräch wird die liebe Kollegin von ihrem Detailwissen Gebrauch machen und dem Chef gegenüber Andeutungen machen, ihn beispielsweise fragen, ob er denn noch gar nichts davon gehört habe, dass Sie – also die Konkurrentin – demnächst öfter einmal Auszeiten nehmen müssen, um Ihre ansteckende und unangenehme Unterleibsgeschichte … Aber man will ja nichts ausplaudern, nicht wahr?

Seien Sie klüger als diese miesen Kreaturen. Erzählen Sie in der Firma grundsätzlich niemals etwas von sich. Sie sind dort wirklich nur von sehr, sehr schlechten Menschen umgeben.

Auf Betriebsfesten lässt der Spießer die Sau raus

Je verklemmter der Kollege, desto mehr freut er sich aufs Betriebsfest. Weil er da mal so richtig die Sau rauslassen kann. Da werden aus mickrigen Bürschchen, die tagsüber keiner Frau in die Augen schauen können, sexprotzende Machos, die jeder grauen Büromaus in den Hintern kneifen müssen. Brave Sachbearbeiterinnen, die man ohne streng zurückgekämmtes Haar noch nie gesehen hat, tanzen oben ohne auf den Tischen und schwenken ihre wilde Mähne. Der unerbittliche Chef zeigt seine angeblich menschliche Seite und trinkt mit dem Portier, der ihm sonst ehrerbietig die Tür aufreißen muss, Brüderschaft. Obwohl auf dem Betriebsfest Zustände wie in Sodom und Gomorrha herrschen, wenn sich die ersten zufällig paarenden Pärchen aufs Damenklo verziehen, um es dort im Vollrausch auf der Toilette zu treiben, ist es doch eigentlich die spießigste Veranstaltung des ganzen Jahres: Alle belauern sich gegenseitig, jede Wand hat Ohren, jeder Fehltritt wird genüsslich durchgehechelt, und vor allem: Wer sich mit wem abgibt, ist am nächsten Morgen *das* Gesprächsthema. Die ganze Firma besteht aus lauter kleinen Hobby-Detektiven, die sich gegenseitig observieren und argwöhnisch darauf lauern, wer wie lange mit wem zusammengestanden und vermutlich hochvertrauliche Geheimgespräche geführt hat. Klug ist, wer niemals auf ein Betriebsfest geht. Niemals.

In der Raucherecke lästern die schlechten Menschen über uns ab

Früher war die Kantine die Brutstätte von fiesen Gerüchten und übler Nachrede. Zwischen halb garem und lauwarmem Hauptgericht und künstlich schmeckendem Nachtisch wurde abgelästert, dass sich die Balken bogen. Das hat sich ein wenig geändert. Seit man in den meisten Büros nicht mehr rauchen darf und für die wenigen unverbesserlichen Süchtigen Raucherecken eingerichtet wurden, haben sich diese zum Tummelplatz der schlechten Menschen und ihrer frei erfundenen Lügengeschichten entwickelt. Ja: Manch ein Nichtraucher fängt sogar wieder zu rauchen an, nur, damit er in der Gerüchteküche mitmischen kann!

Da stehen die gierigen, geifernden, nach Skandalen süchtigen und für jeden Schwachsinn empfänglichen Gestalten, ziehen sich eine nach der anderen rein und lauern auf die nächste Sch…hausparole, deren Wahrheitsgehalt ihnen so egal ist wie das Wohl der Firma. Manch einer steht länger in der Raucherecke, als er am Schreibtisch sitzt! Manch einen muss man gar nicht erst in seinem Büro suchen, sondern man geht am besten gleich in die Raucherecke! Es gibt Firmen, die haben im Raucherraum sogar noch irgendein Gerät zum Entspannen, zum Beispiel ein Tischfußballspiel. Da stehen sie und bolzen und bolzen, während ihre Kollegen tratschen und tratschen, und wer gerade nicht tratscht, der bolzt, um danach weiterzutratschen. Na, super: Das sind ja Zustände wie in Griechenland! So kann Deutschland nicht mehr lange eine Führungsnation sein, auf die viele andere Länder neidisch schauen. Bald werden uns die Rating-Agenturen herabstufen, weil wir zu viel tratschen und zu viel Tischfußball spielen.

Jede zweite Krankschreibung
ist Arbeitsverweigerung

Das sagt ja niemand so deutlich. Und es ist ja auch gemein und ungerecht. Aber in eine allumfassende Typologie der schlechten Menschen, also in dieses Buch, gehören natürlich auch die notorischen Faulpelze hinein, die sich alle sechs Wochen für vier Tage krankschreiben lassen. Den richtigen Arzt dafür zu finden ist heutzutage nicht schwer: Man sagt einfach, dass man »outgeburnt« ist, das schöne Wort kommt vom »Burn-out«*, und wenn er einen nicht krankschreibt, dann sieht er einen nie wieder. So einfach ist das. Der nächste Arzt machts bestimmt.

Es gibt in jeder Firma Kollegen, die man kaum noch auf den Dienstplan schreiben mag: Man weiß als Vorgesetzter sowieso, dass sie fleißig Brücken bauen, gerne am Montag krank werden, regelmäßig im Urlaub von einem schlimmen Virus erwischt und zwischen Weihnachten und Neujahr schon fast traditionell mit Grippe im Bett liegen. Dagegen kann der Chef nichts tun. Er kann nicht einfach jemanden feuern, weil er oft krank ist. Darauf spekulieren diese miesen Schmarotzer, denen es sch…egal ist, dass wir (also die Guten) für sie den Kopf hinhalten, Überstunden machen und Doppelschichten schieben müssen. Sie sind so dreist, dass sie sogar noch auf unsere spöttische Frage, wie denn das derzeitige Wohlergehen sei, mit ernsthaften und endlosen Schilderungen ihrer frei erfundenen Leiden antworten! Dauer-Krankmacher, diese Parasiten der deutschen Wirtschaft, die von Gewerkschaften, Betriebsräten und von einer geradezu

---

* *Körperliche, emotionale und seelische Erschöpfung auf Grund von Stress im Berufsleben wird offiziell allerdings nicht als Krankheit anerkannt.*

schwachsinnig arbeitnehmerfreundlichen Rechtsprechung auch noch hofiert und unterstützt werden, müsste man eigentlich mit einem Federstrich von der Payroll des Unternehmens streichen können. Wer krankfeiert, fliegt. Und wer den Verdacht erweckt, dass er nur blaumacht, der muss zum Amtsarzt.

Um nicht missverstanden zu werden: Es geht hier nicht um Leute, die wirklich krank sind. Es ist auch nicht gut, dass sich manch einer aus Angst vor einer drohenden Kündigung noch halb tot in die Firma schleppt. Hier geht es um Faulenzer, die auf unsere Kosten ihren Jahresurlaub um mindestens weitere sechs Wochen verlängern, indem sie sich einfach in genau den Abständen, die ihnen nicht gefährlich werden können, krankschreiben lassen. Immer wieder. Mal haben sie die Kotzerei, dann gefährliche Diarrhö, dann beides zusammen, dann einen grippalen Infekt, dann haben sie wohl was Schlechtes gegessen, dann ist der Rücken ausgerenkt, gern wird auch eine verstauchte Hand genommen, plötzlich wirft sie ein unerwarteter Migräneanfall aufs Lager und dann ist es eigentlich an der Zeit, die Litanei von vorn zu beginnen: Also haben sie wieder die Kotzerei. Gar nicht mehr akzeptieren! Ab zum Amtsarzt mit ihnen und alles genau nachprüfen lassen! Aber das darf der Chef nicht.

Das Fazit aus diesem Kapitel

In der Firma hat unsere gute Erziehung nichts verloren. Man sollte sie am Eingang abgeben oder in den Spind hängen, bevor man in die Arbeitskleidung schlüpft. Nirgendwo sind wir von mehr Ratten umgeben als hier. Selbst die New Yorker Bronx ist ein katholischer Kindergarten gegen die Gewalt und Aggression, die uns in der Firma entgegenschlägt. Natürlich nicht mit Fäusten oder Messern, sondern hinterfotzig und im Schafspelz! Die freundlichsten Kollegen sind die miesesten Killer, und trauen sollte man gar niemandem mehr. Nicht einmal seinem angeblich besten Freund. Aber, so sagen die Guten, können wir denn nicht das Betriebsklima etwas verbessern, indem wir möglichst viel von unserer netten und aufrichtigen Art einbringen? Bullshit! Karriere machen nur die Arschkriecher und Schleimer. Die Judasse des Business. Die Geisterfahrer auf der Autobahn der Fairness. Es gibt keine netten Kollegen. Es gibt auch keine wirklichen Netzwerke. »Der Starke ist am mächtigsten allein.« Niemandem glauben, niemandem vertrauen und möglichst viele Kollegen verbal hinrichten: Dann klappts auch mit der Karriere.

Der Kunde ist König? Von wegen. Der Kunde ist ein Wurm, den die Verkäuferin am liebsten zertreten würde. Das Getratsche mit der Kollegin ist ihr tausendmal wichtiger als das Bedienen. Jedenfalls ist das unverhoffte Erscheinen von uns, den Kunden, kein Anlass für sie, ein freundliches Gesicht aufzusetzen, uns vielleicht sogar entgegenzugehen und irgendetwas Nett-Belangloses abzulassen wie: »Kann ich Ihnen helfen, oder möchten Sie erst einmal schauen?«

3. KAPITEL

Schlechte Menschen im Service

Als Kunde ist man nicht König,
sondern ein Wurm

Der Kunde ist König? Von wegen. Der Kunde ist ein Wurm, den die Verkäuferin am liebsten zertreten würde. Das Getratsche mit der Kollegin ist ihr tausendmal wichtiger als das Bedienen. Jedenfalls ist das unverhoffte Erscheinen von uns, den Kunden, kein Anlass für sie, ein freundliches Gesicht aufzusetzen, uns vielleicht sogar entgegenzugehen und irgendetwas Nett-Belangloses abzulassen wie: »Kann ich Ihnen helfen, oder möchten Sie erst einmal schauen?«

Alle Verkäuferinnen sollten nur noch nach Umsatz bezahlt werden. Das wäre sehr gut. In den letzten Jahren haben die Politiker heftig über den Mindestlohn gestritten, aber auf diese Idee sind sie nicht gekommen. Man könnte damit jedoch Millionen Wählerstimmen gewinnen. Kein Mindestlohn, gar nichts! Verkäuferinnen kriegen nur noch Prozente für verkaufte Ware! Das wäre ein echter Kick für die Wirtschaft, denn aus faulen Verkaufsverweigerinnen und arroganten Kundenabwimmlerinnen würden blitzartig liebenswerte eloquente Verkaufsgenies, die uns noch bis auf die Straße hinterherlaufen würden.

Frauen, die nicht unbedingt nach Geld riechen und vielleicht auch noch etwas füllig sind, kennen einen ganz anderen Typ Verkäuferin. Dieser Typ mustert sie von oben bis unten und sagt dann so gedehnt: »Ich glaube nicht, dass wir für *Sie* etwas haben«, was natürlich bedeutet: »Du fette Kuh, verzieh dich aus diesem Laden, denn du verschandelst den optischen Eindruck dieses durchgestylten Einkaufstempels«, oder: »Was *wir* zu verkaufen haben, das kannst *du* dir doch sowieso nicht leisten!«

Es hat ja schon immer schlechte, missgelaunte und unglaublich dumme, gleichzeitig aber erstaunlich hochnäsige Verkäuferinnen gegeben, nur werden es nicht weniger, sondern gefühlt werden es immer mehr, obwohl es dem Handel doch wirklich nicht mehr gut geht und in vielen Einkaufspassagen der Hund verfroren ist. Wo gestern noch reiche Millionärsgattinen die Kreditkarten ihrer Männer zum Glühen brachten, sieht man heute leerstehende und mit Brettern zugenagelte ehemalige Luxusläden. »Zu vermieten, ohne Courtage«, fleht ein Makler auf riesigen Plakaten. Oder sie resignieren total und machen einfach komplett dicht: Im feinen Hamburger Hanseviertel haben sie das ehemalige Restaurant im Untergeschoss, wo man früher von einer Galerie hineinschauen konnte, einfach abgedeckt. Das gibt es gar nicht mehr.

Aber beim Verkaufspersonal ist die Bedrohlichkeit dieser Situation noch nicht angekommen. Verkäuferinnen glauben immer noch, dass ihnen die gebratenen Tauben so wie im Märchen ins Maul fliegen werden.[*]

Das Bedienen des Kunden ist in manchen Läden verboten

Je feiner der Laden, desto unverschämter sind die Verkäufer. Aber das liegt nicht immer an denen, sondern manchmal ist es Verkaufsstrategie. »Behandele den Kunden schlecht, dann wird er wiederkommen«, heißt die Philosophie. Ist das pervers? Ja. Aber es funktioniert.

---

[*] *Hans Sachs (1494–1576) schrieb übers Schlaraffenland: »Auch fliegen um, das mögt ihr glauben, gebratene Hühner, Gäns' und Tauben; wer sie nicht fängt und ist so faul, dem fliegen sie selbst in das Maul.«*

Gehen Sie zum Beispiel mal in einen sogenannten »Apple Store«. Es gibt sie in allen großen Städten und zwar immer dort, wo die Ladenmieten am teuersten sind.

Ein Apple Store ist kein Obstgeschäft, wo man Äpfel kaufen kann, sondern ein Laden für Produkte des Smartphone- und Computer-Verkäufers Apple, dessen Chef Steve Jobs 2011 verstorben ist. Der Mann war echt ein Genie im Kunden »verapplen«.

Apple Stores sind meistens Glaspaläste, die wie hypermoderne Kathedralen wirken, und man fühlt sich auch so, als wenn man eine Kirche betritt. Man möchte die Hände falten und die Mütze abnehmen. Man spricht auch gleich viel leiser. Ehrfürchtig schaut man sich um, und man »geht« nicht mehr, sondern man »schreitet«.

Man ist jetzt etwas Besseres. Ein Auserwählter. Ja, das hat etwas Sektenmäßiges. Die Verkäufer und Berater heißen hier nicht etwa Verkäufer und Berater, sondern sie heißen »Specialists«. Nur nebenbei sei erwähnt, dass es auch »Mac Evangelists« gibt, Botschafter der Apple-Marke Mac, die im Apple-Olymp schon ziemlich weit oben ihrer gottgefälligen Arbeit nachgehen. Sie sind sozusagen die Apple-Bischöfe oder gar die Kardinäle. So sehr weit ist Apple von Scientology wohl nicht entfernt[*], jedenfalls funktionieren beide Systeme ziemlich ähnlich.

Sie möchten jetzt, sagen wir mal, ein winziges Ersatzteil für Ihr iPhone kaufen. Zum Beispiel dieses kleine Teil, in das man die SIM-Karte reinschiebt und das man danach im iPhone versenkt, damit man telefonieren kann.

Gehen Sie doch mal hin! Aber glauben Sie ja nicht, dass Sie im Apple Store einfach bedient werden, wenn Sie sich anstellen.

---

[*] *Am 27.08.2011 auf »SPIEGEL Online« gelesen: »Was früher Ron L. Hubbard und Scientology waren, sind heute Apple und seine Kunden. Eine Religionsgemeinschaft, weitab jeder Rationalität. Die Schlangen, die früher vor dem Petersdom standen, bilden sich heute vorm Mac-Shop.«*

Da können Sie Stunde um Stunde warten. Es wird Sie einfach keiner bedienen.

Stattdessen sollen Sie zu einem durchgestylten »Specialist« gehen, der ein iPad am Bande vorm Waschbrettbauch trägt, und diesen um einen Termin bitten. Dann dürfen Sie gehen und nach einer Weile oder nach einigen Tagen, je nachdem, wie viele Termine gerade vergeben worden sind, dürfen Sie wiederkommen. Spontan und vor Ort und sofort werden Sie gar nichts kriegen.

Was hat sich Steve Jobs, dieses viel zu früh verstorbene Schlitzohr, dabei wohl gedacht?

Erstens: Verknappung schafft Bedarf. Heißt: Der Verbraucher ist so abgrundtief dämlich, dass er sich gerne für die vorgespielte Zugehörigkeit zu einer exklusiven Clique hinten anstellt und sich dafür zum Affen macht. Es ist das »Doorman-Prinzip«: Je schwieriger der Zugang zu einem Nachtclub, desto länger wird die Schlange davor sein.

Zweitens: Wer einen Termin vereinbaren muss, der gibt zur Bestätigung seines Termins auch seine E-Mail-Adresse raus, denn ohne E-Mail kein Termin. Da hat man ihn doch schon und kann mit den erlangten Daten eine Menge anfangen!

Drittens: Du musst die Leute süchtig nach deinem Produkt machen. Je weniger Heroin auf dem Markt verfügbar ist, desto höher steigen die Preise pro Gramm.

Und so lassen sich durchgestylte ehrgeizige Nachwuchs-Manager im Apple Store einen Termin geben wie Infarktgefährdete beim Chefarzt von der Herz-Chirurgie oder wie Mathe-Sechser beim Nachhilfelehrer, nur weil sie irgendein Kleinteil für ihr Handy brauchen. In jedem ICE-Abteil holen sie dann stolz wie Bolle ihr iPad raus und zeigen die vom Fingerschweiß verschmierte Bildschirmfläche, mit der man weder richtig komfortabel schreiben noch telefonieren kann. Aber sie *haben* ein iPad. Deshalb sind sie »in« und angesagt.

»Das iPad ist was für Weiber und Werber«, sagt ein Experte abschätzig. Tatsächlich sind viele Apple-Produkte »des Kaisers neue Kleider« auf modern, wie der Autor meint: maßlos überschätzt, schwer überteuert und oftmals nicht einmal auf dem letzten technischen Stand. Aber »in« sind sie. Und wie! Ach, übrigens und bevor Sie selbst danach fragen: Ja, dieses Buch wurde auf einem Mac geschrieben und ja, in der Hosentasche des Autors steckt ein iPhone und ja, er kann es kaum erwarten, bis er sein fast neues Modell durch das allerneueste ersetzt kriegt.

Zu viel Schminke ist keine schöne Visitenkarte für eine feine Parfümerie

Männer kaufen gern in feinen Parfümerien ein. Denn wenn man kein Geschenk für die eigene Frau weiß, dann findet man dort garantiert etwas Schönes. Was aber schon längst einmal hätte gesagt werden müssen, ist dies: Die Verkäuferinnen sollten nicht alle möglichen Produkte übereinandertragen und auch noch duften wie ein umgekippter Parfüm-Lkw. Manch eine sieht aus, als wenn man sie erst einmal abspachteln müsste, um ihr wahres Alter zu erkennen! Das ist nicht schön, und außerdem wirkt es maskenhaft.

Gerade Verkäuferinnen in Parfümerien sollten natürlich-schön und ungeschminkt aussehen. Wenn dann eine Kundin neidisch fragt, wie sie das schafft, dann können sie ja immer noch mit sanftem Lächeln ein besonders teures Produkt auf den Tresen legen und verführerisch flüstern: »An meine Haut lasse ich nur Wasser und diese Creme!« Aber sie sollten nicht mehrere Cremes übereinander auftragen, denn dadurch verkauft man nichts.

Ebenso wenig gefällt den Kunden, dass die Verkäufer bei Optiker-Ketten auf jeden Fall immer eine Brille tragen müssen, auch wenn sie Augen wie ein Adler haben. Zwar ist dies ein Marketing-Trick, der auf den ersten Blick verlockend wirkt: Man kann ihnen immer die Brillen aufsetzen, die als erstes weg müssen, und natürlich hofft man, dass die Leute begeistert sind und rufen: »So eine Brille wie Sie, die will ich auch!« Die Verkäufer sind also in diesem Fall lebende Litfaßsäulen oder zweibeinige Produktwerbung.

Aber so blöd ist der Verbraucher ja nicht, dass er darauf hereinfällt. Es ist ja auch wirklich höchst unwahrscheinlich, dass 100 Prozent des Verkaufspersonals eines Optikerladens kurzsichtig sind. Dies würde eventuell bedeuten, dass dort nur Kurzsichtige eingestellt werden, und das wiederum wäre ein Verstoß gegen das Antidiskriminierungsgesetz.*

Gerade besonders große und preiswerte Optiker-Ketten werben gern mit ihrem kundenfreundlichen Service, aber da bindet uns die Fernsehwerbung einen Bären auf.** Man wird dort zügig und am Fließband, nicht aber besonders fachkundig bedient. Ist man mit dem Ergebnis unzufrieden, kann man die Brille problemlos umtauschen, bekommt eine neue aufgeschwatzt und

---

* Eigentlich heißt es »Allgemeines Gleichbehandlungsgesetz« (AGG), aber landläufig wird es auch Antidiskriminierungsgesetz genannt. Das AGG verhindert Benachteiligungen u.a. wegen einer »Behinderung«, was natürlich einschließt, dass auch das »Fehlen« einer Behinderung (in diesem konkreten Fall das Fehlen der Kurzsichtigkeit) keine Benachteiligung zur Folge haben darf. Bewirbt sich also jemand um einen Job in einer Optiker-Kette und bekommt den Job nur deshalb nicht, weil er »keine« Brille trägt, so könnte er oder sie gegen den Arbeitgeber einen Rechtsanspruch geltend machen.

** Die Herkunft dieser Redewendung ist unklar. Die germanische Wortwurzel »bar« bedeutet »tragen« oder »Last«; aus »bar« könnte später der »Bär« geworden sein. Andere Deutungen gehen davon aus, dass Jäger in einer Wirtschaft ihre Zeche zahlten, indem sie dem Wirt einen (lebenden) Bären aufschwatzten (bzw. aufbanden) und ihn dadurch betrogen, denn er konnte mit dem Bären ja gar nichts anfangen. Eine weitere Deutung führt als mögliche Quelle an, dass man niemandem unbemerkt einen lebenden Bären auf den Rücken binden könne, weshalb »einen Bären aufbinden« ein Synonym für »jemandem die Unwahrheit für wahr verkaufen« sein könnte.

darf auch diese umtauschen – aber mit richtig guter Beratung hat das nichts zu tun.

Es klingt auch sehr seltsam, wenn diese großen Ketten damit werben, dass bei ihnen nur ausgebildete Optiker hinter dem Tresen stehen. Hm. Das müssen wir wohl glauben. Aber wie kommt es dann, dass bei einem Testkauf für dieses Buch gleich zweimal eine Brille mit einem feinen Haarriss im Glas verkauft wurde und der angebliche Optiker das nicht einmal bemerkt hat? Wie kommt es, dass die Brille überhaupt nicht richtig saß und das zweigeteilte Glas für eine Brille dieser Größe vollkommen ungeeignet war? Ein Optiker hätte das doch gemerkt, oder?

Ein Hoch auf den guten alten Optiker, der seinen Job schon viele Jahrzehnte macht, der allein in seinem Laden steht und der gern auch ein bisschen teurer sein darf!*

Für viele Verkäufer sind Frauen einfach Luft

Mann und Frau in einem Laden (und es ist ganz egal, ob sie eine Waschmaschine, Fliesen fürs Badezimmer oder ein Auto kaufen möchten). Was jeder kennt, ist dieses Phänomen: Der Verkäufer ignoriert die Frau. Er schaut nur den Mann an. Sogar wenn die Frau eine Frage stellt, geht die Antwort in Richtung Mann. Das gilt übrigens auch für Verkäuferinnen, wenn es denn welche gibt in diesen Fachgeschäften.

---

* Optiker ist ja auch ein sehr alter und ehrwürdiger Beruf. Bereits die Wikinger des 11. Jahrhunderts kannten Sehhilfen aus Bergkristall-Linsen, die auf Gotland entdeckt wurden. Der arabische Gelehrte Ibn Al-Haitham (965–1039/1040) schrieb sogar ein Buch darüber (»Schatz der Optik«), das 1240 ins Lateinische übersetzt wurde und europäischen Mönchen als Anregung zur Herstellung von Sehhilfen diente, die sich mit der Qualität heutiger Brillen durchaus messen können.

Die Kundin einfach zu ignorieren ist aber nicht nur unverschämt, sondern es ist auch geschäftsschädigend. Denn jeder weiß, dass Kaufentscheidungen zumindest von Mann und Frau gemeinsam, wenn nicht gar überwiegend von Frauen, getroffen werden.*

Da fragt die *Frau* (beim Waschmaschinenkauf): »Wie ist das denn mit dem Energieverbrauch bei diesem Gerät?«, und der Verkäufer erklärt dem *Mann,* wie erstaunlich wenig Strom die von ihm empfohlene Maschine braucht. Die Frau registriert diese Unhöflichkeit, aber sie bleibt entspannt und stellt eine zweite Frage: Ob man denn auch in Raten zahlen könne? Der Verkäufer antwortet wieder direkt ins Gesicht des Mannes: Selbstverständlich sei das möglich, und es gebe sogar Super-Konditionen. Ja, gehts noch?

In diesen Situationen gibt es eigentlich nur eine Antwort: sofort den Laden gemeinsam verlassen und woanders einkaufen.

Es stellt sich in diesem Zusammenhang natürlich die Frage, *warum* sich die meisten Verkäufer so frauenfeindlich und beleidigend verhalten. Wahrscheinlich ist es das alte Rollenspiel, das sie mit der Muttermilch aufgesogen haben und von dem sie nicht mehr loskommen: Sie halten Frauen für naturblöd.

Vielleicht sind sie aber auch so verklemmt, dass sie Frauen nicht in die Augen schauen können? Dann jedoch hätten sie einen Beruf wählen sollen, wo sie das nicht müssen.

---

* *Die seit Jahren durch die Branchendienste geisternde Zahl, derzufolge sogar 80 Prozent aller Kaufentscheidungen von Frauen getroffen werden, ist jedoch eine Legende. Niemand weiß genau, wo diese Zahl eigentlich herkommt – wissenschaftlich untermauert ist sie keinesfalls.*

Vom falschen Lächeln
der schlechten Kellnerin

Die deutsche Gastronomie ist auf einem Tiefpunkt ihrer Service-Qualität angekommen. Allein schon die maskenhaft-unnatürliche und demonstrativ-desinteressierte Schein-Freundlichkeit, die uns das Personal zuteil werden lässt, vermiest uns den Besuch fast jedes Restaurants. Das geht schon bei unserer Ankunft los. Die Bedienung lächelt uns zwar an, aber sobald sie uns den Rücken zukehrt, erlischt ihr Lächeln wie eine Kerze im Wind. Es ist eben kein herzliches, natürliches Lächeln. Es rührt nicht von der Freude her, dass wir, die Gäste, den Laden mit unserer Anwesenheit beehren. Sondern es ist antrainierte Falschheit.

Wir nehmen trotzdem Platz und würden uns schon wieder ärgern, wenn wir uns nicht längst an schlechten Service gewöhnt hätten. Denn jetzt folgt mit hoher Wahrscheinlichkeit der dämliche Standardspruch: »Darfs schon was zu trinken sein?«

Keine wirklich gute Servicekraft würde so etwas fragen, denn erst gilt es ja, die Speisen auszuwählen, um danach das dazu passende Getränk zu wählen. Allenfalls einen Aperitif könnte man vorab bestellen, aber danach wird ja nicht gefragt. »Darfs schon was zu trinken sein?« ist eine Frage, die man grundsätzlich nicht beantworten sollte.

Aber wir tun es trotzdem! Wir bestellen ein Getränk, ohne auch nur einen einzigen Blick in die Speisekarte geworfen zu haben. Es wird nicht auf unsere Speisenwahl gewartet, es wird uns nichts empfohlen, es wird einfach nur stumpf gefragt, was wir trinken wollen. Der Grund dafür ist, dass es einfach keine richtig guten Servicekräfte mehr gibt in der Gastronomie. Jedenfalls fast keine.

Wir haben nun die Karte gelesen, aber wir sollten uns Fragen über die Herkunft der Speisen und die Art der Zubereitung verkneifen. Wo gibt es noch eine Bedienung, die wirklich etwas über die Arbeit der Küche zu erzählen weiß? Kellner war früher ein qualifizierter Beruf. Heute ist es eher ein Hilfsarbeiter-Job.

Wird uns jedoch tatsächlich einmal ein ganz besonderes Tagesgericht empfohlen, das nicht auf der Karte steht, dann ist es keine besondere »Empfehlung« – sondern in aller Regel ganz einfach ein weiterer Versuch, uns Gäste zu betrügen. Was nämlich (wiederum mit dem standardisierten Lächeln der Servicekraft) als »Tagesgericht« empfohlen wird, das ist nichts Besonderes. Sondern es muss dringend weg. Sonst wandert es in die Schweinetonne. FIFO heißt das Verfahren.[*]

Und dann der Betrug mit den Aperitifs

Es muss an dieser Stelle auch einmal ganz deutlich gesagt werden, dass wir Gäste vom Durchschnittswirt konsequent und dauerhaft beschubst werden. Wir sind jedoch zu feige, zu fein und auch zu ängstlich, um uns dagegen zu wehren. Spricht man in der Politik vom »Stimmvieh«, so müsste man in der Gastronomie vom »Gastvieh« sprechen.

Denken wir nur einmal an den Beschiss mit den ach so trendigen Eiswürfeln im Glas. Heute ist es ganz normal, dass man uns

---

[*] *In jeder Restaurantküche gilt: »First in, first out«, abgekürzt mit FIFO. Das bedeutet sinngemäß: Was als Erstes reinkommt, das muss als Erstes raus, um das Mindesthaltbarkeitsdatum nicht zu überschreiten. Parallel dazu wird auch der Begriff FCFS benutzt (»first-come, first-served«). Aktuelle und scheinbar recht preiswerte Tagesangebote sind oftmals der letzte Versuch des Gastwirtes, längst überlagerte Ware doch noch gewinnbringend loszuwerden.*

einen Riesenberg Eiswürfel mit einer Miniportion Prosecco drin und einem winzigen Schuss von irgendetwas als einen besonders feinen Aperitif verkauft. Letztes Jahr war es noch der »Spritz« oder »Sprizz«[*], heute ist es wahrscheinlich etwas anderes.

So ein Aperitif kostet lässig mal eben vier Euro, besteht aber zu 98 Prozent aus Eiswürfeln, also aus Wasser. Wir nippen dran, stellen fest, dass er absolut wässrig schmeckt, sagen trotzdem »hm, lecker« und halten das für ganz normal. Mann, was sind wir trendy!

Wir sind doch eigentlich selbst schuld daran, dass wir von vorn bis hinten beschubst werden, oder?

Der Wareneinsatz liegt in diesem Fall unter zehn Cent, vier Euro sind in der Kasse, das macht 3,90 Euro Gewinn, und dieses Beschubse-Gesöff verkauft der Wirt am Tag 250-mal, weil alle trendy sein möchten, das macht 975 Euro am Tag und 355.875 Euro pro Jahr: Wundert es uns, dass er höhnisch in der Küche lacht?

Wir Gäste sind so blöd. Wir müssten die Eiswürfel aus dem Glas klauben, die Servicekraft damit bewerfen und den Rest aus dem Glas auf den Boden kippen. »Und nun bringst du mir einen neuen, aber so, wie er sich gehört!« Das machen wir aber nicht. Wir sind so furchtbar nett, so ausgewogen, so objektiv. So – blöd.

---

[*] *Es handelt sich dabei um Prosecco mit Aperol. Was wir vom Wirt verlangen können, sind: 6 cl Prosecco, 4 cl Aperol, ein Spritzer Soda, ein Eiswürfel und eine Orangenscheibe. Bei Aperol handelt es sich um einen italienischen Likör aus Rhabarber, Chinarinde, Enzian, Bitterorangen und aromatischen Kräutern.*

☠

Die megapeinliche Teller-Deko
ist auch unakzeptabel

Die megapeinliche Teller-Deko
ist auch unakzeptabel

Ein weiteres trauriges Kapitel der deutschen Gastronomie ist die vollkommen schwachsinnige Teller-Dekoration, mit der uns die Wirte belästigen. Sie hat weder Stil, noch ist sie witzig oder originell, sondern Teller in Restaurants werden nur deshalb so farbenfroh und bunt dekoriert, damit sie voller aussehen. Voller heißt: weniger Ware auf dem Teller und mehr Gewinn.

Wir nehmen es klaglos hin, dass der Koch unseren Teller mit allerlei Krimskrams dekoriert, den wir weder bestellt haben, noch essen wollen, außerdem passt die Deko meistens überhaupt nicht zum Essen. Da finden sich auf dem Steakteller mit Pommes eine Apfelsinenscheibe, eine Erdbeere, etwas Ananas und sonst noch allerlei, was man überall erwarten würde, aber bestimmt nicht bei Steak mit Pommes. Eventuell wird sogar noch ein kleiner Sonnenschirm hineingespießt, wie man das in den 1950er-Jahren mit Eisbechern machte. Hallo, gehts noch?

Wir möchten keine Erdbeere zum Steak und Ananas schon mal gar nicht, denn kein Mensch isst Steak mit Erdbeeren, Apfelsine oder Ananas. Dekoration ohne Einschaltung des Gehirns ist eine Spezialität der heutigen Schlechtköche. Sie glauben, dass sie »witzig« sind und fast schon ein »Witzigmann«. Sie sind jedoch nur peinlich, einfallslos und schlecht. Schon mit zwei Mille brutto wären sie überbezahlt. Aber der Koch macht ja nur, was der Wirt will.

Der Steakteller ist nun raus, und der nächste Gast bestellt Matjes nach Hausfrauenart. Wie wird dieser Teller wohl dekoriert? Da kommt er schon, und Sie werden es kaum erraten: Die

Deko besteht aus Erdbeeren, Ananas und Apfelsine. Und was ist hineingespießt? Genau: ein kleiner Sonnenschirm.

Nun ist der Wirt aber sparsam, um an dieser Stelle das Wort »geizig« zu vermeiden. Er hat keine Lust, ständig neue kleine Sonnenschirme zu kaufen. »Wer den Pfennig nicht ehrt ...« Also nimmt er, wenn wir aufgegessen haben und die falsch lächelnde Kellnerin abgeräumt hat, den kleinen Sonnenschirm *natürlich* heraus und dekoriert damit den nächsten Teller.

Zugegeben: Das ist nicht in jedem Restaurant so. Aber wir Gäste können getrost davon ausgehen, dass wir in jedem zweiten Restaurant, in dem wir essen gehen, von hinten bis vorne aufs Ekligste betrogen werden.

»Mein Beruf ist es, die Zapfanlagen in Restaurants zu warten«, erzählt zum Beispiel ein Brauerei-Experte. »Die Bierfässer stehen oftmals im Keller. Erst neulich war ich in einem sehr feinen Hamburger Restaurant und habe dort im Keller einen gesehen, der den ganzen Tag lang Billigwein aus Tetra-Packs in Flaschen mit feinem Etikett umfüllte und sie frisch verkorkte. Ich habe mir die Marke der Tetra-Packs und den Namen auf den Etiketten gemerkt und später mal heimlich auf die Speisekarte geguckt. Die haben den Liter Weißwein für unter drei Euro im Großhandel gekauft und 0,75 Liter für über 40 Euro weiterverkauft.«

Die meisten Gastwirte lachen sich tot über uns

Wo wir schon einmal dabei sind, uns über die Schlechtigkeit der deutschen Gastronomie aufzuregen, kommen wir am Thema Preisgestaltung natürlich nicht vorbei.

Zwar haben wir als Gast ein gewisses Verständnis dafür, dass sich die Anschaffung einer Kaffeemaschine eines Tages auch rentieren soll. Aber wer erklärt uns Gästen, warum eine Tasse Kaffee in kaum einem Laden dieser Welt unter zwei Euro zu kriegen ist? Warum nimmt man heute umgerechnet vier Mark für einen Messbecher Filterkaffee und etwas heißes Wasser? Wollen die uns verarschen?

Ja natürlich, das wollen sie. Aber es gelingt ihnen nur deshalb, weil wir alles mit uns machen lassen. Wir »Gastvieh« sind eben nichts weiter als ahnungslose Beutetiere. Im Grunde sind *wir* die Schlechten. Die Gastro-Betrüger kann man gar nicht verdammen: Sie nutzen nur unsere Dummheit aus. Wer will es ihnen verübeln?

Die goldene Stunde der Gastronomie schlug 2001, als der Euro eingeführt wurde. Viele Wirte haben tatsächlich 1:1 umgerechnet und sind heute immer noch nicht pleite. Kein Mensch hätte zum Beispiel früher 2,60 Mark für eine Kugel Eis bezahlt, und doch sind heute 1,30 Euro keine Seltenheit mehr.

In einem Hamburger Restaurant am Fischmarkt kostete eine Portion Hummer zu D-Mark-Zeiten 30 Mark und ab dem Tag der Währungsumstellung 30 Euro, umgerechnet also circa 60 Mark. Das ist zwar ein krasses Beispiel, aber keine Seltenheit.[*]

---

[*] *Der Autor dieses Buches war 2001 als sogenannter »Teuro-Sheriff« der »BILD« bundesweit unterwegs, um Beispiele für gnadenlose Euro-Abzocke zu recherchieren und hat die teilweise erschreckenden Ergebnisse in vielen Artikeln und Talkshows präsentiert. Außer Gastronomen nutzten damals auch viele Behörden die Gelegenheit, um ihre Gebühren drastisch zu erhöhen*

☠

Die Nervensägen von der Telefonauskunft

Geht es Ihnen auch so? Einmal die Telefonauskunft anrufen und abkotzen ist eins. Es kann doch nicht so schwer sein, in den Computer einen Namen und eine Adresse einzugeben und die dazugehörige Telefonnummer fehlerfrei vorzulesen bzw. vom Computer vorlesen zu lassen! Trotzdem ist die Chance, dass die Auskunft uns eine richtige Auskunft gibt, relativ gering.

Oftmals ertönt statt der Stimme des gewünschten Teilnehmers das Piepen seines Faxgerätes, weil die Dame in der Auskunft einfach in die falsche Zeile gerutscht ist. Oder es meldet sich gar niemand, sondern das Telefon sagt, dass es diese Nummer gar nicht kennt. Arbeiten denn da nur Dilettanten?

Aber schon vorher, wenn die Auskunft sich am Telefon wortreich meldet, sträuben sich einem die Nackenhaare. Würde es nicht genügen, wenn sie einfach sagt, dass sie die Auskunft ist?

Nein, das genügt ihr nicht. »Elf-Acht-Bla-Bla, ich wünsche Ihnen einen schönen guten Tag, mein Name ist Pauline Piepenbrink, was kann ich für Sie tun?« ist noch die kürzeste Variante, und dabei interessiert es den Anrufer überhaupt nicht, wie die Dame heißt. Dann sagt sie noch, dass sie von der »Helfer-Line« ist oder von irgendeinem anderen Verein; diese Namen denken sich die Marketing-Strategen aus. »Helfer-Line«. Wir wollen keine »Helfer«. Wir wollen nur eine Nummer. Und zwar eine schnelle.

Die aufgesetzte Freundlichkeit unserer »Helferin« ist so schlecht gespielt, dass man gleich wieder auflegen möchte. Man fühlt sich irgendwie als Rentner im Altersheim, dem eine falsch vor sich hin flötende »Helferin« jetzt gleich den Hintern abputzen oder den Katheter wechseln wird. Warum sagt sie nicht einfach, dass sie die Auskunft ist? Vermutlich wird hier

Verbindungszeit geschunden. Mit Service hat das jedenfalls nichts mehr zu tun.

Hat man nun seinen Wunsch geäußert und ist die Dame fündig geworden, geht es weiter mit dem Verdruss. »Die Nummer wird Ihnen angesagt«, flötet sie mit ihrer falschen, verlogenen Freundlichkeit in die Muschel. »Ich kann sie Ihnen auch als SMS schicken oder Sie direkt verbinden.«

Nein, nein, nein! Halt doch die Klappe, Lady! Man möchte nur, womöglich hat man es sogar etwas eilig, diese eine Nummer haben. Quälend langsam und Legastheniker-kompatibel wird diese Nummer, nachdem man alle vermutlich kostenpflichtigen Angebote erfolgreich ausgeschlagen hat, nun endlich von der Computerstimme vorgelesen. Das heißt aber noch lange nicht, dass sie auch korrekt ist.

Die Auskunft verwechselt Namen, hört schwer, vertippt sich, findet nix, ist null kreativ, macht sich kaum einmal eigene Gedanken, verbindet stattdessen gern mit irgendeinem »Sonderplatz«, der angeblich alles weiß (da sitzt jemand, der googeln kann, mehr nicht), sie wirkt sensationell desinteressiert und ist im Grunde eine Plage der heutigen Zivilisation.

Anruf bei so einer Dummi-Auskunft, nur mal testweise: »Ich möchte die Vorwahl von Los Angeles.« Antwort: »Wie heißt der Ort?« – »Los Angeles.« – »Engeles schreibt man mit E, oder?« – »Nein, mit A.« – »Lohsangeles in einem Wort?« – »Nein, in zweien.« – »Ich kann nichts finden. Lohs Ängelesch hat wohl keine Vorwahl. Ich finde hier nur Woschinkton. Aber die Vorwahl von Ahmerika kann ich Ihnen geben.« – »Nein danke, die weiß ich selbst.« Das hat der Autor genau so erlebt. »Lohs Ängelesch hat wohl keine Vorwahl.«

Wenn man sich ein Großraumbüro vorstellt, in dem die Auskunft sitzt mit den Kopfhörern auf und dem leeren Gesichtsausdruck, dann denkt man automatisch an strickende und kaugummikauende Weiber mit null Bock, die die Beine hochlegen und demonstrativ den ausgestreckten Mittelfinger zeigen, weil da schon wieder so ein Nervi dran ist. Könnte es sein, dass dieses Klischee stimmt?

Dazu lächeln sie scheinheilig und drücken auf ihrer Tastatur herum, um sich dann wieder ihren Privatgesprächen zu widmen. Wahrscheinlich nehmen sie auch Anrufe entgegen, wenn sie auf dem Klo sitzen, sich schminken oder sich in den Zähnen herumpulen. »Leider kann ich keinen Eintrag finden!«, säuseln sie dann, und dabei grinsen sie auch noch blöde. »Lohs Ängelesch hat wohl keine Vorwahl.«

Man möchte Aufseher sein in diesem riesigen Saal mit lauter Auskunfts-Damen. Da würde man eine Peitsche schwingen, jede zweite Dumm-Tussi einsparen und die verbleibenden Damen erst auspeitschen und dann zur serviceorientierten Arbeit zwingen.

Ja: Die Frauen von der Auskunft gehören wirklich zu den schlechten Menschen in diesem Lande.

Das Fazit aus diesem Kapitel

Erstens lassen wir Verbraucher uns viel zu viel gefallen. Zweitens geben wir regelmäßig zu viel Trinkgeld. Und drittens sind wir uns der Macht gar nicht bewusst, die wir haben. Denn wenn wir einen Laden boykottieren, geht er pleite. Ist es nicht geradezu unglaublich, wie wir uns beim Einkaufen abkanzeln, mies behandeln, ignorieren und allein schon vom Preis-Leistungs-Verhältnis her komplett verarschen lassen? Wir meinen, das muss eben so sein! Weil wir die Guten sind, mit denen man es machen kann. Sobald ein Gastronom feststellt, dass sein Laden keinen beachtlichen Gewinn mehr abwirft, setzt er die Preise rauf und die Qualität seiner Speisen herunter. Er kauft zum Beispiel schlechtes Fleisch zum halben Preis, nimmt aber einen Euro mehr dafür. Er kauft die eingefrorenen Shrimps beim Discounter anstatt beim Fisch-Großhändler, der seine Ware alle zwei Tage frisch aus Paris eingeflogen kriegt. Er weicht ganz generell auf Tiefkühlkost aus, wo er früher frische Ware mit dem Risiko der schnellen Verderblichkeit angeboten hat. Kurzum: Er beschubst uns. Aber wir gehen deshalb nicht etwa woandershin, sondern wir bleiben diesem Laden treu. Nicht zuletzt auch deshalb, weil da ja alle hingehen. Das ist wie bei des Kaisers neuen Kleidern: Jeder weiß es, keiner sagt es. Aus, Schluss, Ende! Gehen Sie nur noch in Restaurants, wo alles stimmt. Nur noch in Läden, wo Sie wie ein Mensch behandelt werden. Und lassen Sie endlich die Finger von diesen blöden Szene-Tempeln.

Für die meisten Menschen beginnt der Urlaub in einer Taxe, die sie zum Flughafen bringen soll. Oftmals sind die Taxis aber eine derartige Zumutung, dass man am liebsten wieder umkehren möchte. Das Auto riecht nach Schweiß. Auf der Mittelablage hat der Schmierlappen die offene Tupperdose mit seinem angebissenen Leberwurstbrot deponiert. Der Kragen seiner Specklederjacke ist mit Schuppen übersät. Die Sitze kleben. Die Löcher im Polster sieht man nicht sofort, weil eine schlampige stinkende Decke darüber ausgebreitet ist. Der Mann am Steuer hat nicht nur ein Hygieneproblem, sondern er hat die simpelsten Gesetze des Dienstleistungsgewerbes nicht kapiert. Dass man zum Beispiel aussteigen sollte, wenn ein Fahrgast naht, um diesem die Tür aufzuhalten, ist auch bei sauberen Fahrern mit gepflegten Fahrzeugen die absolute Ausnahme.

4. KAPITEL

Schlechte Menschen im Urlaub

Viele Taxifahrer sind eine Zumutung

Für die meisten Menschen beginnt der Urlaub in einer Taxe, die sie zum Flughafen bringen soll. Oftmals sind die Taxis aber eine derartige Zumutung, dass man am liebsten wieder umkehren möchte. Aber bitte in einer anderen Taxe als der, in der man gerade sitzt.

Das Auto riecht nach Schweiß. Auf der Mittelablage hat der Schmierlappen die offene Tupperdose mit seinem angebissenen Leberwurstbrot deponiert. Der Kragen seiner Specklederjacke ist mit Schuppen übersät. Noch schlechter als in echt sieht der Mann nur auf dem Fahndungsfoto aus, das er für seine Taxifahrerlizenz am Handschuhfach ausgesucht hat.

Die Sitze kleben. Die Löcher im Polster sieht man nicht sofort, weil eine schlampige stinkende Decke darüber ausgebreitet ist. Eine Waschstraße sah diese heruntergekommene Kiste lange nicht mehr von innen, und der Mann am Steuer hat nicht nur ein gravierendes Hygieneproblem, sondern er hat die simpelsten Gesetze des Dienstleistungsgewerbes nicht kapiert.

Dass man zum Beispiel aussteigen sollte, wenn ein Fahrgast naht, um diesem die Tür aufzuhalten, ist auch bei saubereren Fahrern mit gepflegten Fahrzeugen die absolute Ausnahme.

Dass man umgehend das Radio leise zu drehen hat, wenn ein Fahrgast einsteigt, scheint ihm auch vollkommen neu zu sein. Telefonieren während der Fahrt ist nicht nur verboten, was uns weiter nicht interessieren soll, aber es ist dem Fahrgast gegenüber eine gravierende Unhöflichkeit; vor allem, wenn das Gespräch recht lautstark und in einer uns unbekannten Sprache geführt wird.

Und was auch gar nicht geht: Immer mehr Taxifahrer mischen sich ungebeten in Gespräche ein, die ihre Fahrgäste auf der Rückbank führen.

Wir Fahrgäste, die »Guten«, sind auch die »Stillen«. Weil wir uns einfach alles gefallen lassen. Warum sagen wir nicht: »So, guter Mann, jetzt reicht es. Konzentrieren Sie sich auf die Straße, machen Sie das Radio leise und fahren Sie einfach. Quatschen Sie nicht dazwischen und steuern Sie, wenn Sie uns abgesetzt haben, umgehend die nächste Dusche und danach die nächste Waschanlage an.« Das tun wir nicht! Stattdessen geben wir auch noch Trinkgeld.

Von Kundenfreundlichkeit hat die Bahn keine Ahnung

Manch einer reist zum Flughafen mit der Bahn an und erlebt im ICE den Psychoterror eines Unternehmens, das von Kundenfreundlichkeit so viel zu verstehen scheint wie eine Kuh vom Eislaufen. Es geht um Schwätzer, die uns mit ihren Lautsprecherdurchsagen im ICE um den wohlverdienten Sekundenschlaf bringen.

Es wäre wirklich sehr schön, wenn man im ICE gelegentlich die Augen schließen und einen Moment vor sich hin dösen könnte. Aber das kann man nicht. Denn immer, wenn man gerade eingenickt ist, wird man von einer vollkommen unsinnigen Durchsage geweckt. Diese Art von Folter ist ganz eindeutig von den Geheimdienstkellern südamerikanischer Diktaturen abgekupfert.

Wir sind um vier Uhr aufgestanden, um gegen sechs am Bahnhof zu sein und um sieben den ICE zu besteigen. Da ist es doch klar, dass wir etwas müde sind und gerne noch etwas schlafen möchten, oder? Geht aber nicht! »Verehrte Fahrgäste, in wenigen Minuten ...« – »Der Speisewagen befindet sich in

der Mitte des Zuges ...« – »Der Ausstieg befindet sich in Fahrtrichtung rechts ...« – »Mein Name ist ... Ich bin Ihr Zugchef
... Das Personal hat gewechselt ...« – »Thank you for travelling
with Deutsche Bahn ...«

Das alles hält die Bahn für kundenfreundlich, aber für manch
einen ist es einfach nur die reinste Marter. Jeder Fahrgast ist imstande, den in jedem Abteil ausliegenden Fahrplan zu lesen. Es
ist also keineswegs notwendig, jeden Bahnhof vorher zweispra-
chig anzusagen. Es ist einem Fahrgast auch zuzumuten, selbst
zu erkunden, wo sich der Speisewagen befindet. Schließlich hat
er ihn ja vorhin am Bahnsteig vorbeifahren sehen, dann ist er
in Fahrtrichtung vorn, oder er hat ihn nicht gesehen, dann ist
er weiter hinten. Das ist ja nicht so schwer.

Wo man aussteigen darf, ist dem Fahrgast ebenfalls von allein
klar. Erstens lässt sich die Tür auf der anderen Seite gar nicht
öffnen, und zweitens sieht man ja, wo der Bahnsteig ist und wo
der Schotter. Schließlich, ganz ehrlich: Aufs Dankeschön der
Bahn, dass man Bahn fährt, können wir Fahrgäste gern verzichten. Stattdessen möchten wir lieber ein paar Minuten die Augen
schließen. Aber das möchte die Bahn wohl nicht.

Es hat ja niemand etwas dagegen, wenn sie einen bei Verspä-
tungen informieren! Anschlusszüge und all so etwas. Das können sie ja gerne durchsagen. Auch wenn sie wegen einer Herde
Rinder oder wegen eines Selbstmörders auf der Strecke einen
Riesenumweg fahren müssen und sich die Ankunft deshalb
dramatisch verzögern wird, dürfen sie uns darüber gern per
Lautsprecher informieren. Wir würden das als Kundenservice
empfinden und auch nachvollziehen können, warum wir aus
dem Schlaf gerissen worden sind. Ansonsten gilt für die Deutsche Bahn: Haltet doch einfach mal die Klappe.

Beim Einchecken geht der Ärger weiter

Nun sind wir aber endlich am Airport angekommen und treffen dort die richtig schlechten Menschen. Es ist seltsam: Ausgerechnet in dem Flieger, für den man sich letztendlich entschieden hat, werden auch dieses Mal wieder besonders viele unangenehme Charaktere sitzen.

Bereits in der Abflughalle, wo man das Gepäck aufgibt, lernt man sie schmerzhaft kennen. Denn dort in der Warteschlange schieben sie uns ihre vollgepackten Gepäckkarren ständig in die Hacken. Warum fällt es den Menschen so schwer, wenigstens einen halben Meter Mindestabstand zum Vordermann zu halten?

Das passiert ja nicht nur einmal! Alle sechs Minuten rückt die Schlange ein Stückchen vor, und alle sechs Minuten schiebt uns der Hintermann seinen Karren in die Hacken. Es ist ziemlich sinnlos, sich mürrisch umzudrehen. Man sieht in leere Augen. Gleichzeitig bewegt uns eine weitere Frage:

Warum verreisen alle Spießer dieser Welt mit den gleichen Koffern? 95 Prozent aller Gepäckstücke auf deutschen Flughäfen sind abgrundtief hässlich und sehen auf dem Gepäckausgabe-Fließband genauso aus wie die vor und hinter ihnen. Man schaut sie an und möchte heulen wegen so viel Fantasielosigkeit beim Kofferkauf.

Wenn Sie nach der Ankunft am Urlaubsort mal einen richtig lustigen Koffer auf dem Fließband sehen, der von vielen Reisen in fremde Länder erzählt und schon überall gewesen zu sein scheint, dann ist es bestimmt ein Werbekoffer von Sixt, und der fährt 24 Stunden immer im Kreis und hat noch nie etwas anderes gesehen als dieses Fließband. Es ist alles so abgrundtief traurig.

Aber es ist ja nicht so, dass sie uns nur beim Einchecken ihre Gepäckwagen ständig in die Hacken schieben und unser ästhetisches Empfinden mit schwarzem oder (noch schlimmer) mit rotem Plastikkoffermüll beleidigen, sondern sie telefonieren dabei auch noch lauthals mit ihren Handys, oder sie starren drauf.

Es gibt nur noch zwei Sorten Mensch in der Warteschlange vorm Einchecken. Die eine Sorte Mensch blökt ins Handy und schreit den Daheimgebliebenen zu, dass sie in der Warteschlange vorm Einchecken steht, und die andere Sorte hackt aufs Handy ein und verrät dem Facebook-Freundeskreis die unaufschiebbar wichtige Nachricht, dass sie ebenfalls in der Warteschlange vorm Einchecken steht.

Man fragt sich, was diese Menschen wohl in ihr Handy schreien bzw. was sie wohl posten würden, wenn sie tatsächlich bereits im Urlaub wären und dort womöglich auch noch etwas wahrhaft Spannendes passieren würde, wo doch allein schon die absolut unspektakuläre Tatsache, dass sie in der Warteschlange vorm Einchecken stehen, eine derartige Kommunikations-Hektik auslöst!

Saftschubsen werden immer hässlicher

Irgendwann sind alle vor uns dran gewesen, unsere eigenen (hoffentlich geschmackvollen) Koffer schwanken zum (hoffentlich) richtigen Flieger und auf die Frage »Fenster oder Gang?« sagen wir natürlich »Gang«, denn am Gang hat man etliche Zentimeter mehr Platz, um den schlechten Menschen zu entkommen.

Es ist ein Riesenvorteil, wenn man am Gang sitzt. Sofern nicht gerade die Saftschubse nervt (»Was möchten Sie trinken?«, »Mit Milch und Zucker?«, »Mit Salz und Pfeffer?«,

»Mit oder ohne Kohlensäure?«), kann man sich am Gang sogar etwas ausbreiten, also: Gang ist eindeutig besser als Fenster, und Mitte ist Folter. Aber noch fliegen wir ja nicht.

Als Fluggast sehnen wir uns nach der Zeit zurück, als Saftschubsen noch nach der Optik ausgesucht wurden. Einst waren sie Aushängeschild und Zierde jeder Airline. Wenn unsere Kumpels in den 1970er-Jahren sagten: »Komm mit auf diese Party, da kommen auch einige Stewardessen«, dann ist man schon allein deswegen hingegangen und es war stets ein hormoneller Gewinn.

Heute jedoch sitzt an jeder zweiten Aldi-Kasse eine hübschere Frau als die Saftschubse in unserem Ferienflieger, womit aber nichts gegen Saftschubsen im Allgemeinen, sondern nur etwas Nettes über Aldi-Kassiererinnen gesagt werden soll. Also ist es eigentlich ein frauenfreundliches Kompliment.

Man muss sowieso immer wieder betonen, dass man frauenfreundlich ist. Die schlechten Menschen sind schuld daran, dass man heute nichts mehr sagen darf, was nicht ausgewogen und objektiv ist. Man darf zum Beispiel gar nicht mehr sagen, dass Saftschubsen früher hübscher waren als heute, denn das wäre dann frauenfeindlich. Radfahrende und birkenstocksandalentragende Gutmenschen, die womöglich noch lila Schals um den Hals gewickelt haben und ihre Kinder in Säcken vor dem Bauch mit sich herumtragen wie kleine Äffchen und die beim saftigen Kotelett zwanghaft an widerliche Schweinemast denken müssen, haben die Macht in Deutschland übernommen. So ist das. Und die Saftschubsen sind deshalb nicht mehr so hübsch wie früher, weil der Betriebsrat etwas dagegen hätte, wenn man sie wegen der Optik ausmustert. An uns Fluggäste, die wir sehr gern eine hübsche Saftschubse hätten, denkt dabei aber keiner.

Das BKA sagt immer, die Islamisten wollen uns überrennen und aus Deutschland einen Gottesstaat machen, aber das stimmt nicht. Es sind die radfahrenden Gutmenschen, die uns schon längst überrannt haben. Aber wir wollen nicht abschweifen. Nur eins noch: Betriebsräte sind sowieso recht unangenehme Spaßbremsen.

»*Ihr Flug ist nun zum Einsteigen bereit …*«

Inzwischen haben wir eingecheckt und befinden uns nun direkt an jenem Schalter, an dem der Flieger demnächst am Rüssel parken wird. Auch hier bedarf es keiner scharfen Beobachtungsgabe, um die Dusseligkeit und Denkschwäche der verreisenden Mehrheit zu erkennen. Wir stellen nämlich fest, dass die Masse Mensch schon eine Stunde, bevor der Flieger aufgerufen wird, wie ein Wachsfigurenkabinett reglos vor diesem Schalter verharrt.

Wieso wartet diese Menschenherde nicht auf die Durchsage, dass »Flug xy nun zum Einsteigen bereit« ist? (Nebenbei bemerkt: Wir wollen uns hier nicht über falsches Deutsch unterhalten, aber natürlich ist das ein absoluter Schwachsinn. »Bereit sein« setzt eine aktiv zu beeinflussende Selbstbestimmung voraus, die so ein Flug natürlich nicht hat, also »Flug xy« ist zu gar nichts bereit. Allenfalls ist der Pilot bereit, die Leute reinzulassen. Korrekt müsste es also eigentlich heißen: »Pilot Hans Meier, Kopilot Fritz Piepenbrink und unsere Chef-Saftschubse Lieschen Müller sind nun bereit, Sie einsteigen zu lassen.« Aber wir wollen nicht pingelig sein.)

Also, die Masse Mensch steht da dick und bräsig vorm Schalter und nervt uns allein durch ihre Anwesenheit. Es würde reichen, wenn ein jeder ganz friedlich sitzen bliebe, vielleicht noch mal aufs Klo ginge, Duty-free abbummeln oder aus dem Fenster auf die draußen geparkten anderen Ferienflieger schauen würde. Aber was macht die Masse Mensch? Sie stellt sich an.

Das ist zwanghaft. Vielleicht ist es typisch deutsch? Im Krieg zu lange Hunger gelitten? Oder in der Zone keine Bananen gekriegt? Oder so raffgierig, dass man einfach in jeder Schlange gerne ganz vorne stehen möchte?

Ha, man könnte kein Nackenkissen mehr abkriegen, stimmts? Wir Touris haben gern ein Nackenkissen. Aber keine Airline hat so viele Nackenkissen, wie Menschenmasse in den Flieger passt, denn dann würde weniger Menschenmasse in den Flieger passen, weil die Masse Nackenkissen ja auch etwas wiegt. Außerdem will ja nicht jeder aus der Menschenmasse ein Nackenkissen, und darum wäre es nicht ökonomisch, wenn man pro Mensch aus der Masse ein Nackenkissen vorhält.

Vermutlich kalkulieren sie das. Schwimmwesten zum Beispiel müssen sie so viele haben, wie Menschenmasse an Bord ist, zumindest theoretisch. Aber Nackenkissen könnten Mangelware werden, wenn man hinten in der Schlange ansteht. Das gilt auch für Decken, falls man friert und eine will. Und vor allem gilt es für den Platz in den Ablagefächern überm Sitz.

Der Platz in den Ablagefächern überm Sitz ist vermutlich tatsächlich der eigentliche Grund, warum die Menschenmasse schon eine Stunde vor »Flug xy ist nun zum Einsteigen bereit« vorm Eincheckschalter steht und auch nicht weichen mag, wenn es heißt: »Wir bitten die Passagiere der Sitzreihen 19 bis 85, zuerst einzusteigen«: Da bewegt sich gar nichts! Die rühren sich nicht einmal!

Mir kann doch niemand erzählen, dass sich rein zufällig in der letzten Stunde vorm Einchecken lauter Passagiere der Sitzreihen 19 bis 85 in die Schlange eingereiht haben und die Passagiere der Sitzreihen 1 bis 18 sowie 86 bis letzte klug und vorausschauend gleich sitzen geblieben sind.

Nee: Die Doofen sind derart doof, dass sie einfach stehen bleiben. Da schert nicht ein Einziger aus der Schlange aus und setzt sich wieder hin. Keiner! Wir beobachten das auf jedem Flug.

Urlauber sind dumm wie Rinder

Rinder werden vorm Transport zum Schlachthof in ein enges Gatter gepfercht, und ein Rind nach dem anderen darf dann auf den Lkw steigen, auf dem seine letzte Reise beginnt. Nun stellen Sie sich mal vor so eine zusammengepferchte Rinderherde und sagen: »Guten Tag, liebe Rinder, euer Lkw-Transport zum Schlachthof ist nun zum Einsteigen bereit. Um euch das Einsteigen zu erleichtern, bitten wir zunächst alle schwarz-weißen Rinder, den Lkw zu betreten. Vielen Dank für euer Verständnis.«

Was wird passieren? Nix. Und genauso ist es auch in der Schlange vorm Ferienflieger.

Die Masse Mensch steht also deshalb schon so lange in der Wachsfigurenschlange an, weil sie auf einen Handgepäckablageplatz direkt über dem eigenen Sitz spekuliert. Das ist menschlich, aber ebenfalls nicht richtig durchdacht. Denn gerade das Handgepäck und die Mäntel von den zuerst Einsteigenden werden von den später Kommenden brutal gestaucht und gequetscht und geknüllt, während die Besitzer dieser Taschen, Täschchen, Jacken und Mäntel hilflos eingekeilt auf ihren Sitzen hocken und weder etwas von dieser mitmenschlichen Brutalität mitbekommen, noch sich in irgendeiner Form gegen sie wehren können.

Man könnte auch sagen, es gibt kein armseligeres Wesen auf der ganzen weiten Welt als den eingekeilten Menschen in einem

Ferienflieger auf seinem Sitz, während sein Handgepäck oben in den Ablagefächern von den Späteinsteigern brutal misshandelt wird. Und selbst wenn sich diese Späteinsteiger nicht trauen, so gemein zum Handgepäck der bereits Eingequetschten zu sein, kommt als letzte Instanz die Saftschubse und quetscht noch mal richtig. Dann passts schon.

Wir, also die Guten, lassen die Masse Mensch hektisch hechelnd und drängelnd wie eine muhende Rinderherde einsteigen, stellen uns mit gebührendem Abstand ganz hinten an und betreten den inzwischen übel riechenden Proletenbomber möglichst als Allerletzte. Wir setzen uns und drücken den Knopf, der unsere Rückenlehne um circa drei Zentimeter nach hinten absenkt.

Schlechte Menschen belästigen uns im Flieger

Mehr wollen wir nicht. Wir, also die Guten, wollen nur diese circa drei Zentimeter. Wir wollen sie nur bis zum Start, und wenn wir oben sind, dann wollen wir sie wieder haben. Drei Zentimeter. Wir drücken. Und wir wissen genau, was nun passiert.

Direkt hinter uns sitzt wie bei jedem Flug auch dieses Mal wieder Herr Kleingeist, ein pensionierter Oberlehrer, mit seiner Frau, die raspelkurz geschnittene grau gefärbte Haare hat, denn alle Frau Kleingeists dieser Welt lassen sich im Rentenalter die Haare kurz schneiden und grau färben, damit man ihre natürliche halb graue Haarfarbe nicht mehr erkennt, sondern das Grau für gewollt, ja sogar für modisch hält.

Hä? Wie dämlich ist das denn? Ja, es ist natürlich total dämlich, aber schauen Sie sich mal auf der Straße um. Da laufen

Frauen über 60 fast nur mit grau gefärbten raspelkurzen Haaren rum.

Das Ehepaar Kleingeist hat etwas dagegen, dass wir unseren Sitz um drei Zentimeter nach hinten absenken. Er kommt ihnen dadurch nämlich um drei Zentimeter näher, engt ihren eigenen ohnehin schon kleingeistigen Lebensraum also für die nächsten Stunden um drei Zentimeter ein, und das ist fast so schlimm, als wenn der Apfelbaum vom Nachbarn drei Zentimeter über den Zaun in den eigenen Garten hineinragt. Deshalb fangen Herr und Frau Kleingeist sofort zu pöbeln an. Sie rütteln an unserer Rückenlehne, hauen ihre Knie von hinten hinein, lassen ihren Tisch fürs grottenschlechte Frühstück, das sie in sich hineinschlingen werden, als wäre es ein Gourmet-Menü, krachend herunterfahren und den ganzen Flieger lautstark wissen, dass unmittelbar vor ihnen ein Mensch ohne jede Manieren sitzt. Es hat sogar schon Schlägereien in Ferienfliegern gegeben, nur weil ein Passagier seine Rückenlehne um drei Zentimeter nach hinten abgesenkt hat. Tun Sie das nie. Sitzen Sie die ganze Zeit kerzengrade. Sonst kriegen Sie es mit dem Deppen zu tun, der hinter Ihnen sitzt.

Also, noch einmal für Begriffsstutzige: Ein Gesetz im Charterflieger heißt, dass jeder Tomatensaft bestellen muss, ein anderes Gesetz will, dass alle nach der Landung wie bescheuert applaudieren müssen, und ein drittes Gesetz im Charterflieger verlangt, dass niemand seine Rückenlehne absenken darf.

Das Ehepaar Herr und Frau Kleingeist wird ab morgen seine Liegestühle am Pool mit drohend dekorierten Handtüchern erfolgreich gegen eine junge Familie mit zwei kleinen Kindern verteidigen und sich in den kommenden drei Wochen fünfmal bei der Reiseleitung über Kinderlärm während der Mittagsruhe beschweren.

Am Frühstücksbüfett wird dieses saubere Ehepaar mit messerscharf geschliffenen Ellenbogen den Beweis erbringen, dass deutsch sein sehr oft auch raffgierig sein bedeutet.

Trotz ausdrücklichem Verbot wird das Ehepaar Kleingeist von den Freigetränken während der Mahlzeiten so viel in heimlich mitgebrachte Schraubflaschen umfüllen, dass es den lieben langen Urlaubstag hindurch keinen einzigen Drink mehr bestellen muss.

Bemerkenswert sind auch die Arroganz und Großkotzigkeit, mit der das Ehepaar Kleingeist den eingeborenen Büfett-Kellner behandeln wird. Nun sitzt dieses schreckliche Pärchen mit den schmalen Lippen ausgerechnet hinter uns. Und täglich grüßt das Murmeltier. Es ist dasselbe auf jedem gottverdammten Flug. Man kann diesen Menschen nicht entrinnen.

Je feiner das Hotel, desto größer die Unverschämtheiten

In den sogenannten Luxushotels werden wir Gäste derart dreist abgezockt, dass dieses Thema eigentlich ein eigenes Buch wert wäre. Hier können wir die unglaublichsten Fakten aus Platzgründen nur kurz erwähnen.

Wer morgens um acht einen Blick in den Frühstücksraum eines Fünf-Sterne-Hotels in Hamburg, Berlin, Düsseldorf oder München wirft, der sieht dort volle Tische mit Menschen, die zum Frühstück maximal zwei Brötchen, ein Schälchen Obstsalat und einen Joghurt essen, dazu vielleicht noch etwas Rührei und wenn es hochkommt, noch ein Müsli hinterher.

Dazu trinkt jeder, sagen wir mal, einen O-Saft, zwei Tassen Kaffee und eventuell noch einen dieser abgepackten Drinks für die Abwehrkräfte. Das alles zusammengerechnet, bedeutet für die Hotel-Kette einen Wareneinsatz von geschätzten vier Euro. Gibt es auch nur einen einzigen Menschen in diesem Lande, der die durchaus üblichen Hotel-Frühstückspreise zwischen 18 und 35 oder gar über 40 Euro erklären kann?

Es geht dabei gar nicht um die Frage, ob wir uns diese Mondpreise fürs Hotelfrühstück leisten können! Sondern es geht um die Tatsache, dass wir uns dreist in die Tasche greifen lassen, wenn die Dreistigkeit nur vornehm genug daherkommt.

40 Euro, man muss es einmal erwähnen, das waren früher 80 D-Mark. Ein hübsches Betrügersümmchen für zwei Brötchen und etwas Drumherum, oder etwa nicht? In seinem Büro sitzt der Geschäftsführer vom Hotel und lacht sich schlapp über die Idioten, die er gerade in den Frühstücksraum gehen sieht. Die Dummheit der Hotelgäste, gepaart mit ihrem Herdentrieb, ist für ihn und seinen Konzern die reinste Gelddruckmaschine.

Aber nicht nur beim Frühstück im feinen Hotel werden wir nach Strich und Faden von elegant gekleideten Betrügern ausgenommen. Wer in einem vornehmen Haus an der Ostsee abends an der Bar einen bestimmten Obstler bestellt, der zahlt dafür 35 Euro. Für einen Obstler. Nicht etwa für eine Flasche Obstler oder wenigstens für einen doppelten!

Macht man sich nun den Spaß und googelt den Hersteller dieses Getränkes, ruft ihn an und gibt sich als Gastwirt aus[*], so erfährt man dies: Bereits mit zwei verkauften Obstlern hat der Hotelier den Einkaufspreis einer ganzen Flasche wieder drin, und ab dann wird nur noch hohngelacht.

Lachen, und zwar sehr ungläubig, tut auch der Hersteller. Er kann überhaupt nicht begreifen, wie jemand für ein Glas seines Obstlers so viel Geld verlangen bzw. ausgeben kann. Er ist quasi fassungslos. Sparen Sie sich die Beschwerde-Mail an die Hotel-Kette. Sie können sicher sein, dass Sie nicht einmal eine Antwort bekommen werden.

---

[*] *Das hat der Autor dieses Buches gemacht, nachdem er 35 Euro für einen Obstler bezahlt hatte, der auch noch spritig schmeckte.*

Eine ganz andere Frage ist, ob der blasierte Mensch hinterm Bartresen nicht ab einem bestimmten Mondpreis den Gast höflich auf diesen hinzuweisen hat, bevor er einschenkt. Denn in der Getränkekarte dieser Fünf-Sterne-Gangster-Bar ist Deutschlands womöglich teuerster Obstler überhaupt nicht aufgeführt. Die Flasche steht nur so im Regal herum, sieht schick aus und weckt dadurch das Interesse des Gastes. Deshalb bestellt er sich ein Glas davon oder auch zwei und merkt erst am nächsten Morgen beim Bezahlen der Rechnung, wie nachhaltig er beschubst worden ist.

Eine weitere Frage ist, ob wir angesichts solcher Geldschneiderei eine Preisbindung für Obstler brauchen, aber das führt jetzt zu weit und würde den wackeren Trinker ja auch gänzlich entmündigen, ihm also jegliche Eigenverantwortung für sein Treiben absprechen. Er muss halt zahlen oder vorher intensiv nachfragen, was das Getränk denn kosten soll. Das muss er tun im Table-Dance-Club auf St. Pauli und bei den anderen Gaunern, die ein Fünf-Sterne-Hotel führen.

Die meisten Zimmermädchen schummeln brutal

Zahlt man 300 Euro oder mehr für die Nacht und wird sowohl beim Frühstück als auch abends an der Bar über den Tisch gezogen, so wünscht man sich doch wenigstens ein gepflegtes Zimmer für das viele Geld. Aber da kann man sich gehörig täuschen.

Kaum einer dieser großen Hotelkonzerne, womöglich gar keiner mehr, hat noch eigenes fest angestelltes Reinigungspersonal. Das Zimmermädchen oder der »Roomservice«, wie er heute heißt, ist mit an Sicherheit grenzender Wahrscheinlichkeit outgesourct an einen polnischen oder ukrainischen Subunternehmer, und der wiederum interessiert sich nicht für Fünf-Sterne-Standards, sondern er wird mit möglichst hohem Profit möglichst wenig Leistung erbringen wollen, also nur eben so viel putzen lassen, dass es zu möglichst wenig Beschwerden der Gäste kommt.

Hierfür wird er möglichst billige Arbeitskräfte anheuern. Ob die alle gültige Arbeitspapiere mitbringen, sei einmal dahingestellt, aber auf jeden Fall wird er sie im Akkord beschäftigen, das heißt: Für das Saubermachen eines Zimmers haben sie eine bestimmte Anzahl von Minuten Zeit, und wenn sie länger brauchen, dann ist es ihr Problem.

Das läuft heute so wie mit dem Pflegedienst für die Alten: Für alles gibt es ein Zeitlimit. Hintern abputzen: zwei Minuten. Windeln wechseln: eine Minute. Kämmen: 30 Sekunden. Und so weiter. Im Hotel heißt es: Betten machen: drei Minuten. Mülleimer leeren: eine Minute. Bad reinigen: sechs Minuten. Da kommt so ein Zimmermädchen schon ganz schön ins Schwitzen.

Das feine Luxushotel hat damit natürlich nichts zu tun. Die vornehmen Manager können ihre Hände in Unschuld waschen. Sie wollen gar nicht wissen, wer da eigentlich für sie arbeitet. Zu welchen Minilöhnen, zu welchen Konditionen. Outsourcing ist wirklich eine geile Sache, denn außer den Malochern gibt es eigentlich nur Gewinner.

Nun kommt also Fräulein Roomservice, nennen wir sie mal Ludmilla, mit ihrem bis oben vollgepackten Servicewagen auf der elften Etage an und muss ihr Soll erfüllen. Das ist knapp bemessen, eigentlich ist es unmenschlich knapp, aber sie braucht das Geld. Schließlich hat sie ihre Familie in der osteuropäischen Heimat damit zu ernähren und ist froh, dass sie einem feinen Hotel-Lumpen und nicht einem Luden im Stundenhotel auf den Leim gegangen ist.

Ludmilla macht im Eiltempo die Betten, saugt blitzschnell den Boden, füllt die Minibar im rekordverdächtigen Tempo auf und legt die zerstreuten Hotelmagazine mit geschultem Griff wieder ordentlich zurecht. Dann macht sie noch im Schnell-durchlauf das Bad. Ludmilla muss richtig Gas geben. Hinter die Gardine schaut sie nicht. Dass dort noch eine halb volle Colaflasche mit fünf Kippen drin vor sich hin gammelt, entgeht ihr deshalb.* Sie hat sowieso keine Zeit. So ist das beim Outsourcing: Schnell, schnell muss es gehen.

Wer will es Fräulein Ludmilla nun verdenken, wenn sie hier und da ein wenig schummelt und dadurch Zeit zu schinden versucht?

Da ist zum Beispiel die Sache mit den benutzten Gläsern aus der Minibar. Natürlich soll Fräulein Ludmilla diese auf ihren Servicewagen laden, in den Hotel-Geschirrspüler stopfen und neue Gläser in die Minibar stellen. Aber ginge es denn nicht viel schneller, wenn sie die benutzten eben mal kurz im Bad des Hotelzimmers abspült, mit der Hand abtrocknet und wieder in die Bar zurückstellt?

Genau das macht Fräulein Ludmilla, und der Gast in die-sem Fünf-Sterne-Hotel mit 300 Euro oder mehr pro Nacht plus bis zu 35 Euro für zwei Brötchen plus über 30 Euro für einen Obstler an der Bar merkt es nicht, denn er ist dumm. Welchen Lappen Fräulein Ludmilla fürs Abwaschen seines benutzten Whiskyglases gewählt hat, das möchte man gar nicht hinter-fragen.

Der geneigte Gast kann aber den Test machen, indem er ein benutztes Glas so minimal kennzeichnet, dass es selbst Fräulein Ludmillas geschultem Auge nicht auffallen wird. Man trinkt aus dem Glas und stellt es oben auf die Minibar (es wurde also

---

* *Auch das hat der Autor selbst erlebt, und zwar im Berliner Ritz-Carlton – nicht gerade eine schlechte Hoteladresse ...*

benutzt). Es soll nun durch den Geschirrspüler wandern, und wie hoch ist die Chance, dass genau dieses Glas am nächsten Abend wieder in der eigenen Minibar steht? Genau: Sie ist verschwindend gering.

Und doch ist es passiert. O Wunder. Fräulein Ludmilla, die nun wirklich mehr Opfer als Täterin ist, hat sich der Folter des Akkords in Luxushotels mit outgesourctem Roomservice nicht mehr länger widersetzen können und hat, um Minuten herauszuschinden, das benutzte Glas im Gästebad mit ihrem bakterienverseuchten Putzlappen gefeudelt. Das Glas bleibt im Zimmer, und im nächsten Zimmer wird sie denselben Lappen benutzen, um das Gleiche zu tun.

Auch das behaupten wir nicht mal eben so, sondern wir haben den Test gemacht und dabei dieses festgestellt: Die Gläser, die benutzt worden sind, werden gar nicht im Geschirrspüler gespült. Sie werden einfach im Waschbecken durchgewischt und wieder in die Bar gepackt. Igitt!

Je teurer das Hotel, desto mieser die Methoden und desto größer der Betrug. Das kleine bescheidene familiengeführte Hotel für maximal 90 Euro die Nacht, üppiges Frühstücksbüfett inklusive, sollte für jeden denkenden Menschen eigentlich die logische Alternative sein, denn mehr sind Bett und Frühstück nicht wert, weder in Berlin noch anderswo. *Wir* sind es doch, die die Preise bestimmen!

Die angeblichen Luxushotels müssten allesamt leer stehen. Aber so wie wir alle vier Jahre als Stimmvieh an die Urne treten, obwohl wir genau wissen, dass wir – egal wo – unser Kreuzchen bei Wählerbetrügern machen, so lassen wir uns auch im Hotel klaglos verarschen. Und wir sind sogar noch stolz darauf, dass wir uns so ein teures und vermeintlich »gutes« Hotel leisten können.

Büfett-Drängler, Getränke-Klauer und Liegestuhl-Terroristen

Im Urlaub vergessen die Menschen ihre gute Erziehung total. Da zeigen sie sich von ihrer schlechtesten Seite. Haben Sie morgens schon mal in einem Urlauber-Hotel am Büfett gestanden und versucht, ihren Teller einigermaßen störungsfrei zu füllen? Wir, also die Guten, nehmen ja von jedem nur etwas und warten auch geduldig, bis wir dran sind. Die Büfett-Drängler hingegen schaufeln sich den Teller so voll, als wenn sie direkt vom Frühstücksraum in den Bunker müssten und dort eine Woche nix zu essen bekämen. Die Ellenbogen fahren sie so weit aus, dass man fast einen Rippenbruch bekommt. Und dass sie am Ende so viel auf dem Teller lassen, dass man damit ein ganzes afrikanisches Dorf satt kriegen könnte, ist ihnen vollkommen egal. Sie sind genauso gierig wie abends beim Saufen, sofern sie all-inclusive gebucht haben. Da hauen sie sich die Birne voll, bis sie vom Barhocker kippen. Das kost' ja nix.

Die bravsten Biedermänner werden im Urlaub zu brutalen Klauern. Wenn es zum Mittag so viel Wein gibt, wie man will, füllen sie sich den Billig-Fusel unterm Tisch in mitgebrachte Flaschen mit Schraubverschluss und bestellen das nächste Glas. Da kennen die überhaupt nichts. Und sie sind sogar noch stolz darauf, dass sie den Reisekonzern um ein paar Cent beschummelt haben!

Am schlimmsten sind sie aber ganz eindeutig am Pool, wo sie ihre Liegestühle schon morgens um sechs mit Handtüchern blockieren. Darüber ist schon viel abgelästert worden, aber natürlich muss es in diesem Kapitel auch erwähnt werden: Wir und die Engländer sind die entsetzlichsten Urlauber, die sich ein Veranstalter vorstellen kann!

☠

Das Fazit aus diesem Kapitel

Gar nicht mehr in den Urlaub zu fahren wäre eine gute Idee. Sie hat nur den Nachteil, dass wir dann kaum noch Sonne tanken könnten, und scheidet deshalb aus. Wie wäre es denn, wenn wir den Individual-Urlaub wieder für uns entdecken? Das scheitert, was Sonnenländer angeht, natürlich am Zeitaufwand: Man kann ja schlecht mit dem Wohnmobil nach Mallorca reisen, wenn man nur zwei Wochen hat. Also müssen wir weiterhin in diese blöden Touristen-Flieger hinein.

Aber es kann schon helfen, wenn wir uns vorm Einchecken eine geistige Käseglocke überstülpen: Kopfhörer ins Ohr, die Musik laut drehen und gar keinen Blick mehr für all das Elend rund um uns haben. Nicht mehr gucken, welcher Typ aus eindeutig prekärem Milieu neben uns im Flieger sitzt. Nicht mehr ablästern über all die fürchterlichen Spießer, die sich auf der Suche nach ihrem Sitzplatz mit ihrem billigen Handgepäck schlurfend wie Molche an uns vorbeidrängeln. Beim Warten auf die Koffer am Fließband einfach brutal nach vorn drängeln und nicht immer die Omas vorlassen. Selbst mal die letzte Taxe kriegen und die hochschwangere Mutti mit den beiden Gören warten lassen. Es muss doch endlich einmal Schluss damit sein, dass wir immer selbst die Arschkarte ziehen!

In feinen Hotels sollten wir jede einzelne Dienstleistung hinterfragen und listige Fallen stellen, die unter Umständen auch hinterher zu einer teilweisen Erstattung des Übernachtungspreises führen können (zum Beispiel wenn wir damit drohen, uns an die Presse zu wenden): Reißen Sie sich ein Haar aus und befestigen Sie es dort, wo eigentlich geputzt werden müsste. Der Autor wettet mit Ihnen, dass Sie es höchstwahrscheinlich nach der angeblichen Zimmerreinigung noch genau dort finden werden, wo Sie es festgeklebt haben. Wir sollten uns sowieso beschweren, wann immer es geht. Gleich laut werden und kräftig herumbrüllen, sodass es alle hören. Dann gibt es womöglich noch einen Preisnachlass. Und den haben wir, also die Guten, uns doch schon längst verdient!

Jede Partei schmückt sich heute mit jungen Menschen, die noch richtig kindlich aussehen. Das macht sich gut auf Wahlplakaten. Das verjüngt irgendwie. Das sorgt auf jeden Fall auch für eine gute Presse (vor allem, wenn es sich um junge Frauen handelt). Das soll aber – und dies ist die innere Wahrheit – nur die Tatsache überschminken, dass in den Parteien ausschließlich alte, ausgebuffte, erfahrene Polit-Profis das Sagen haben. So wird das politische Jungvolk als Köder missbraucht. Und bis die jungen Leute das merken, sind sie selbst Teil des politischen Systems.

5. KAPITEL

Schlechte Menschen in der Politik

☠

In den Parlamenten sitzen
jede Menge Betrüger

Obwohl man sie dort nicht unbedingt erwarten sollte. Schließlich hat es etwas Großherziges, wenn man das eigene Leben in den Dienst der Gemeinschaft stellt, aktiv an der Gestaltung und Verbesserung unserer Gesellschaft mitarbeiten möchte und wirklich etwas tut, anstatt immer nur zu reden.

Leider ist das graue Theorie. Den Politikern – und zwar fast allen – ist die Zukunft Deutschlands weitgehend egal. Sie würden fast jeden Standpunkt vertreten, wenn er ihnen eine gewisse Anzahl Wählerstimmen zu geben verspricht. Sie sind eine verkommene, korrupte, egoistische und unsoziale Bevölkerungsgruppe.

Das jedoch wissen sie meistens gut zu verschleiern. Als der damalige Wirtschaftsminister Brüderle im März 2011 vor dem Bundesverband der Deutschen Industrie BDI ganz offen sagte, dass die 180-Grad-Wendung in der Atompolitik der Bundesregierung nach der japanischen Reaktorkatastrophe von Wahlkampfmotiven geprägt und rational nicht nachvollziehbar sei (was dann der *Süddeutschen Zeitung* zugetragen wurde und für einen Eklat sorgte), sprach ein Politiker ausnahmsweise einmal die Wahrheit; allerdings glaubte Brüderle natürlich, dass es vertraulich bleiben würde. Sonst hätte er diesen für Politiker absolut unüblichen Anfall von plötzlicher Ehrlichkeit bestimmt nicht gehabt.

Früher war das anders. Altkanzler Helmut Schmidt sagte dem Autor dieses Buches in einem Interview: »Für uns war früher das Wohl des Landes die Grundlage für alles, was wir beschlossen und getan haben. Heute geht es den Politikern nur noch um den Machterhalt.«

Nun ist es zwar in jeder Berufsgruppe üblich, dass die Alten sich missmutig über die Jüngeren äußern (»Wir hatten früher ja noch Moral und Anstand, aber was haben die heute?«), der Altkanzler hat jedoch recht. »Nach der Wahl ist vor der Wahl«, heißt das Motto heute, und man kann pauschal davon ausgehen, dass kein einziger Politiker uns Wählern wirklich die Wahrheit sagt.

Sie reden uns stattdessen nach dem Munde. Sie fordern etwas nicht deswegen, weil es ihrer Meinung nach das Beste für das Land wäre, sondern weil sie hoffen, damit den Mainstream zu treffen und bei der nächsten Wahl dafür belohnt zu werden. Die politischen Sitten sind verkommen.

Ich stehe mit dieser Meinung nicht allein da. Im *Tagesspiegel* schreibt mein Kollege Harald Martenstein[*] im März 2011: »Sie (gemeint sind Merkel und Westerwelle) würden, um Wahlen zu gewinnen, nicht nur versprechen, alle Digitaluhren abzuschalten und den Papst auszubürgern, sie würden nicht nur Libyen an des Teufels Großmutter verkaufen, sie würden wahrscheinlich auch gemeinsam nackt Boogie Woogie tanzen, falls es ein Prozent mehr bei den Wahlen bringt.«

Wir sollten vielleicht gar nicht mehr wählen gehen

Aber der Bürger merkt das, und er rächt sich. Die Partei der Nichtwähler ist inzwischen bei vielen Wahlen die stärkste. Nichtwähler zu sein ist heute kein Zeichen mehr für politisches Desinteresse und Ignoranz. Sondern immer mehr Menschen mit

---

[*] *Ein begnadeter Autor, von dem man gern mehr lesen möchte*

politischem Bewusstsein und fundiertem Wissen um die gesell-schaftlichen Zusammenhänge demonstrieren ihre Verachtung für die politische Kaste, indem sie die Wahlurne meiden. Tatsächlich gibt es gute Gründe dafür, gar nicht mehr wählen zu gehen.

Erstens: Es ist eine Demonstration dafür, dass wir Bürger uns nicht länger für dumm verkaufen lassen.

Zweitens: Die Gefahr, durch Nichtwählen extremistischen Parteien zu Stimmengewinnen zu verhelfen, ist verschwindend gering: Selbst wenn die NPD hier und da Einzug in die Parlamente hält, ist ihr parlamentarisches Mitspracherecht nahe null, und von Regierungsverantwortung ist sie so weit entfernt wie der Mars von der Erde. Was übrigens in kaum einem anderen europäischen Land so beruhigend ausgeprägt ist.

Drittens: Was wäre denn, wenn das ganze Volk nicht mehr wählen ginge? Dann würde sich die politische Kultur ändern. Die Politiker (natürlich auch danach noch auf Stimmenfang) würden umdenken. Irgendjemand würde damit anfangen, dem Volk die Wahrheit zu sagen, und er würde Stimmen gewinnen. Der Nächste würde daraus seine Lehren ziehen und ebenfalls auf die Wahrheit setzen. Der Dritte würde uns Bürgern nicht nur die Wahrheit, sondern vielleicht sogar die schonungslose ganze Wahrheit sagen und feststellen, dass wir es beim nächsten Mal an der Wahlurne honorieren.

Wie sensibel der Wähler auf Ehrlichkeit in der Politik reagiert, das sah man 2011 in Berlin am Erfolg der Piraten. Die hatten keine einzige politische Botschaft. Und nur, weil sie zugaben, dass sie von nichts eine Ahnung haben, kamen sie auf über acht Prozent. Dieser Trend setzte sich bei den Landtagswahlen 2012 fort. Wie peinlich ist das denn? Die Wähler entscheiden sich für kindische Dilettanten ohne jeden Durchblick, weil sie von der Lügerei der etablierten Parteien die Nase voll haben? Nur weil jemand sagt: »Ich gebe ehrlich zu, dass ich keine Ahnung habe«, wird er gewählt? Dann wäre es doch besser, gar nicht wählen zu gehen!

Gerade der Erfolg der Piraten zeigt: Mit Nicht-wählen-Gehen könnten wir die Politiker, derzeit Rekordhalter beim Thema menschliche Schlechtigkeit, ganz schnell (vielleicht sogar schon innerhalb von drei oder vier Wahlperioden) umerziehen. Man sollte vielleicht wirklich demonstrativ nicht wählen gehen, um die Politiker einmal so richtig abzustrafen. »Ich bin ein bewusster Nicht-Wähler«: Das hat schon lange nichts mehr mit politischer Ignoranz zu tun, sondern Nicht-wählen-Gehen ist heute eine ernst zu nehmende Willensbekundung, um die verloren gegangene Moral und Ehrlichkeit in der politischen Kaste wiederherzustellen.

Nachwuchs-Politiker sind nur die Köder

Viele junge Leute, die sich für eine politische Laufbahn entscheiden, glauben wirklich daran, dass sie innerhalb der Partei ihres Vertrauens etwas verändern können. Sie sind naiv und blauäugig, was natürlich auch mit ihrer Jugend zusammenhängt. Es gibt 21-Jährige, die schon in Parlamenten sitzen. Warum werden die von den altgedienten Parteibonzen als Kandidaten nominiert?

Bestimmt nicht, weil ihre Begeisterungsfähigkeit gefragt wäre oder weil die Bonzen meinen, dass endlich einmal frischer Wind durch die Parteienlandschaft wehen sollte. Sondern nur, weil die jungen Leute als Köder für Erstwählerstimmen ge- bzw. missbraucht werden.

Zwischen den Mühlsteinen der parteiinternen Lager, im Geschacher um Proporz und Einfluss und unter dem Primat des Machterhaltes um jeden Preis versickern ihre politischen Träume dann im trockenen Sand der politischen Routine, und spätestens mit 30 sind sie glatt geschliffene Kiesel im Parteien-Mainstream, austauschbare Marionetten, phrasendreschende Frührentner, mit immer noch jungen Gesichtern zwar, aber seelisch um Jahrzehnte gealtert. Dann können sie sogar Minister werden.

Jede Partei schmückt sich heute mit jungen Menschen, die noch richtig kindlich aussehen. Das macht sich gut auf Wahlplakaten. Das verjüngt irgendwie. Das sorgt auf jeden Fall auch für eine gute Presse (vor allem, wenn es sich um junge Frauen handelt). Das soll aber – und dies ist die innere Wahrheit – nur die Tatsache überschminken, dass in den Parteien ausschließlich alte, ausgebuffte, erfahrene Polit-Profis das Sagen haben. So wird das politische Jungvolk als Köder missbraucht. Und bis die jungen Leute das merken, sind sie selbst Teil des politischen Systems.

Warum Altbundespräsident Wulff es (fast) nicht in dieses Buch schafft

Als dieses Buch geplant wurde, sprach ganz Deutschland über politische Glaubwürdigkeit, über Moral und Transparenz. Altbundespräsident Christian Wulff ist an diesen Begriffen gescheitert. Man könnte erwägen, ihm in diesem Buch ein eigenes Kapitel zu widmen. Das kriegt er aber nicht.

Christian Wulff ist nämlich kein schlechter Mensch. Er war genau so, wie wir unseren Bundespräsidenten immer haben wollten: Ein Spiegelbild unserer Gesellschaft, ein ganz normaler Bürger, und deshalb war er ein »Bürger-Präsident«. Er war (und das war gleichzeitig sympathisch und erschreckend) extrem volksnah.

Der Bürger bescheißt doch, wo er kann. Sind alle Bewirtungsquittungen in Ihrer Steuererklärung wirklich beruflich bedingt, oder hat sich nicht doch die eine oder andere dazwischengemogelt von einem Essen mit Ihrer Frau?

Der Bürger gibt nur zu, was auf dem Tisch liegt. Oder würden Sie Ihrem Steuerprüfer weinend die vielen Tricks erzählen, mit denen Sie ihn zu beschubsen versucht haben?

Der Bürger nimmts, wo ers kriegt. Oder beauftragen Sie einen Bauunternehmer, wenn Sie mit Schwarzarbeit nur die Hälfte zahlen müssen?

Der Bürger möchte, dass die Zeitungen nur Nettes über ihn berichten. Würden Sie nicht auch bei Ihrer Heimatzeitung anrufen und herumpöbeln, um einen bestimmten Bericht über Ihre merkwürdigen Privatgeschäfte zu verhindern?

Der Bürger giert nach einflussreichen Freunden, und denen kriecht er in den Arsch. Wenn Sie nun in der Provinz leben und vom reichsten Mann auf 100 Kilometer Umkreis in seine Mallorca-Villa eingeladen werden: Würden Sie nicht auch hinfliegen? Womöglich sogar für null? Und wenn dann die Stewardess im Flieger sagt, ach, Herr Meier, wir haben hier noch zwei Plätze frei in der Business-Class, mögen Sie mir bitte folgen: Ja, bleiben Sie denn dann sitzen in Ihrer bescheuerten Holzklasse?

Wir alle sind kleine oder größere Sünderlein, und wenn man im Glashaus sitzt, dann soll man nicht mit Steinen werfen. Christian Wulff ist uns kleinen Alltags-Betrügerchen viel näher, als man denkt, und in dem Wort BETRÜGER sind alle Buchstaben drin, die man für das Wort BÜRGER braucht.

Der Autor möchte ja nur anmerken, dass ihr da draußen im Lande genauso den zahlreichen Verlockungen erliegt, wie jener es getan haben mag. Wenn man echt Geld sparen kann, dann kennt keiner von uns das Wort »Moral«.

Was aus Wulff wird, weiß man nicht. Aber wenn er eines Tages dahinscheidet, dann sollte auf seinem Grabstein stehen: »Du warst ein echter Bürger-Präsident. Denn du warst einer von uns. Requiescat in pace. Dein korruptes Volk.«

Aber ist das jetzt nicht wirklich ein bisschen zu gemein? Sollte man denn tatsächlich an den Normalbürger die gleichen Maßstäbe anlegen wie an einen Bundespräsidenten, der ja schließlich der ranghöchste Repräsentant unseres Landes ist?

Also, mal ganz ehrlich: Warum wird hier mit zweierlei Maß gemessen? Der eine (Sie, ich, der Nachbar von nebenan) lässt sich nur deswegen nicht bestechen, weil ihn gar niemand bestechen will! Der andere ist wichtig und deshalb kriegt er hier und da mal was zugeschoben. Gemein ist eigentlich nur, dass uns so etwas nie passiert. Leute: Wulff war einer von uns. Der Mann war gut.

Wenn Christian Wulff nur einen einzigen vernünftigen PR-Berater gehabt hätte, dann wäre die Sache ganz anders ausgegangen. Dann hätte er (mutig, aber erfolgversprechend) genau darauf gezockt. Dann hätte er uns, den kleinen Leuten, gesagt: »Hey! Ich bin so wie ihr! Ich habe manchmal Geldprobleme und ich habe zum Glück einige Freunde, die mir selbstlos helfen. So what? Mein Haus ist auf Kredit gekauft, und den hat mir mein Kumpel gegeben. Meinen Urlaub mache ich gerne dort, wo meine reichen Freunde eine Villa haben. Na und? Nebenbei habe ich noch eine Menge gute Kontakte gemacht, die für Niedersachsen wichtig waren. Ihr glaubt doch nicht im Ernst, dass ein Bundespräsident ein Heiliger ist. Ihr wolltet doch immer einen ›Bürger-Präsidenten‹! Und nun habt ihr ihn.«

Dann – ja, dann wäre Christian Wulff heute noch Bundespräsident. Aber er hatte die falschen Berater, irgendwie.

Warum sollte man Politikern trauen?

Altkanzler Schröder hat einmal gesagt: »Putin ist ein lupenreiner Demokrat.« Da hat ganz Deutschland laut gelacht. Selbst wer keine einzige Zeitung liest und nur einmal pro Woche zufällig in die *Tagesschau* zappt, der weiß: Putin ist kein Demokrat, und schon mal gar kein lupenreiner. Kaum ist Schröder kein Kanzler mehr, kriegt er aber einen Job bei Gazprom. Würden Sie von diesem Mann einen Gebrauchtwagen kaufen?

Barschel hat sein großes Ehrenwort gegeben und ist in der Badewanne verstorben. Trotz aller Mord- und Verschwörungstheorien kann man heute davon ausgehen, dass des schleswig-holsteinischen Ministerpräsidenten Ehrenwort nicht so wahnsinnig viel wert gewesen ist. Würden Sie von diesem Mann, wenn er noch lebte, einen Gebrauchtwagen kaufen?

Es gibt zwei Sorten von Politikern. Die einen haben Amigo-Affären, und die anderen konnten ihre Amigo-Affären bis zum heutigen Tag geschickt verschleiern oder hatten einfach nur Glück. Würde man die moralischen Anforderungen, die man im Jahr 2012 an den Bundespräsidenten stellte, auf jeden Bundestagsabgeordneten übertragen, so müsste man die meisten von ihnen abwählen. Dann wäre der Reichstag jeden Tag so leer, wie er es heute schon ab Freitagmittag ist.

Wo sind eigentlich die ganzen Abgeordneten?

Das bringt uns doch gleich auf ein neues Thema. Es lohnt sich, hin und wieder einmal den TV-Sender Phoenix einzuschalten, wenn er Live-Übertragungen aus einer Bundestags-debatte bringt. Nicht, weil die so wahnsinnig spannend wäre. Sondern weil die Kamera manchmal auf die Ränge im Plenar-saal schwenkt, wo eigentlich die von uns bezahlten Volksver-treter sitzen sollten.

Also: Entweder ist der Reichstag zu groß geplant, und sie hal-ten dort lauter Sitze frei für noch mehr Abgeordnete, die es gar nicht gibt. Vielleicht wird ja eines Tages das Gesetz geändert, und dann brauchen sie so viele Plätze? Oder die Gründung einer neuen Partei steht unmittelbar bevor, die sofort fast 50 Prozent der Stimmen bekommt, und die können ja schließlich nicht den ganzen Tag stehen, sondern brauchen einen bequemen Sessel, wo sie auch mal einnicken können.

Das ist aber alles Quatsch. Tatsache ist: Das Plenum des Bundestages ist bei den meisten Debatten so leer wie ein Kino, wenn ein total abgefahrener Programmfilm gezeigt wird. Ein paar Leute sind halt Freaks, die sind da, und ab zweite Reihe herrscht gähnende Leere. Jetzt muss man aber auch den Wo-chentag beachten.

Ist die Debatte zwischen Dienstag und Donnerstag, dann gehts ja noch. Freitags und montags ist der Bundestag hingegen ziemlich ausgestorben. Da fragt sich der Bürger, warum das so ist.

Wir denken ja positiv. Und wir möchten auch nicht immer gleich an das Schlimmste, wenn auch Naheliegendste denken. So stellen wir uns also vor, dass der Bundestagsabgeordnete X eine ganze Reihe von Terminen in seinem eigenen Wahlkreis abzuarbeiten hat. Was kann er denn dafür, wenn die alle freitags oder montags terminiert sind? Er kann sich ja schließlich nicht klonen. Also kann er auch nicht gleichzeitig im Bundestag und zu Hause sein. Das leuchtet ein, oder?

Aber es fällt dem Wähler, dem blöden Stimmvieh, schon ein bisschen auf, dass der Bundestag freitags etwas ausgestorben wirkt. Wer dann mit dem späten ICE am Donnerstag von Berlin nach irgendwo fährt, der trifft dort jede Menge Leute, die hochpolitische Handy-Gespräche führen. Offenbar sind es Polit-Profis. Möglicherweise sind es sogar Abgeordnete oder ihre Mitarbeiter. Könnte das sein? Es lebe das lange Wochenende.

Politiker kleben wie Pattex an ihren Sesseln

Der ehemalige Doktor zu Guttenberg ist noch der Ehrenvollste. Oder der Schlaueste. Zwar hat auch er versucht, immer nur so viel zuzugeben, wie er unbedingt musste, aber dann hat er doch – soeben noch einigermaßen würdevoll – seinen Abschied eingereicht.

Man kann darüber spekulieren, ob das politisches Kalkül war (vielleicht der einzige Weg, um nach einer gewissen Schonzeit doch wieder in den Politbetrieb einzuscheren?), aber immerhin: Er hat seinen Stuhl geräumt. Und das, als die meisten Meinungsumfragen ihm einen fast uneingeschränkten Rückhalt in der Bevölkerung bestätigten. Der also hätte nach Volkes Meinung ruhig bleiben dürfen.

Duisburgs Bürgermeister Sauerland nach der Love-Parade-Katastrophe? Pattex am Hintern, sie mussten ihn abwählen.

Den Altbundespräsidenten Christian Wulff hatten wir schon. Auch er klebte als Pattex-Politiker an seinem Stuhl, bis es eben nicht mehr ging.

Solche Beispiele gibt es viele, bis hinunter in die lokale Politiker-Szene. Als unter seiner politischen Verantwortung Anfang Januar 2012 schon das zweite Kind aus verwahrlosten Verhältnissen, das von seinem Jugendamt betreut wurde, quasi unter den Augen der Behörden starb, klebte Hamburgs Bezirksamtsleiter Markus Schreiber auch an seinem Sessel, und zwar genau so lange, wie er seine Partei (die SPD) hinter sich glaubte. Seine Rücktrittsbegründung war am Ende schäbig: Er wolle, so sinngemäß, morgens nicht mehr aufwachen und sich Sorgen machen müssen, ob ein weiteres Kind unter seiner Obhut gestorben sei.

Das ist ein interessanter Rücktrittsgrund, der anderen Pattex-Politikern vermutlich gar nicht eingefallen ist. Zu Guttenberg hätte sagen können: »Ich will nicht mehr morgens aufwachen und mir Sorgen machen müssen, ob mich schon wieder jemand beim Abschreiben erwischt hat.« Das hätten wir doch alle verstanden, und dann hätte zu Guttenberg uns richtig leidgetan!

Christian Wulff hätte argumentiert: »Ich will nicht mehr morgens aufwachen und mir Sorgen machen müssen, ob irgendein Reporter das gesponserte Auto meiner First Lady oder den geschenkten Bobbycar von meinem Kleinen entdeckt hat.« Armer Wulff: So kann man ja wirklich nicht leben. Dann macht das mit dem Bundespräsidenten-Spielen auch wirklich keinen Spaß mehr.

Man sagt nicht mehr: »Es war ein Fehler, tut mir leid! Kommt nicht wieder vor.« Sondern man sagt: »Es belastet mich so schrecklich, dass ich wegen meiner vielen Sünden nicht mehr ruhig schlafen kann.« Der Täter macht sich zum Opfer.

Auch Schwerverbrecher könnten so argumentieren. Nehmen wir einmal an, jemand hat drei Frauen ermordet und zwei der drei Taten sind gerichtsfest bewiesen. Der schläft bestimmt auch nicht mehr so gut: »Ich will nicht mehr morgens aufwachen und mir Sorgen machen müssen, ob der dritte Mord auch noch aufgeklärt wird.«

Das würden wir doch voll verstehen, oder?

Schlechte Politiker ruinieren das Volk

Wir sind inzwischen so weit, dass wir Politiker wie lästige Bettler auf der Straße behandeln. Jeder, der sich auf kommunaler Ebene im »Straßenkampf« um Wählerstimmen bemüht und auf dem Marktplatz bei Schnee und Regen einen Info-Stand aufbaut, um wahrhaftige Informationen unter die Leute zu bringen, kann davon ein trauriges Lied singen.

Die Verdrossenheit des Bürgers, was Politiker angeht, ist immens gewachsen. Die Leute am Stand von CDU/CSU, von SPD und FDP werden bestenfalls ausgelacht, schlimmstenfalls bepöbelt. Der Bürger will mit »denen da oben« nichts mehr zu tun haben, weil er ihnen nicht mehr vertraut. Nun ist unser Staat aber darauf aufgebaut – das ist die Grundidee unserer Demokratie –, dass der Bürger ein politischer Mensch ist. *Er* soll bestimmen, *er* soll in die eine oder andere Partei Vertrauen investieren, *er* soll damit aktiv in die Politik eingreifen und die Richtung festlegen, in der es weitergeht.

Aber wir haben keine Regierung, die tut, was wir wollen. Stattdessen haben wir eine herrschende Kaste, die sich so weit vom Bürger entfernt hat, dass der einfach nicht mehr mitspielt. Wir haben eine Regierung, die allein ist. Eine Opposition, die keine mehr ist. Wir haben zum ersten Mal eine Demokratie ohne Demokraten. Im Grunde haben wir gar keine Demokratie mehr, sondern wir werden absolutistisch regiert: »Die da oben« machen, was sie wollen, und »wir da unten« wenden uns mit Grausen ab. Dann können wir Bürger die Verantwortung doch gleich abgeben und einen König wählen! Der kann uns dann regieren, und wahrscheinlich würde er es besser machen als »die da« in Berlin.

Der Unsinn mit der Frauenquote

Bei Redaktionsschluss dieses Buches ist der Sachstand folgender. Es wird in deutschen Vorstandsetagen eine verpflichtende Frauenquote von 30 oder sogar 40 Prozent eingeführt. Vorstände, die innerhalb einer gewissen Zeit diese Quote nicht erfüllen, bekommen eine Frist zur Nachbesserung. Erfüllen sie die Vorgaben auch nach Fristablauf nicht, dürfen sie die für Frauen reservierten Vorstandssessel nicht mit Männern besetzen, sondern müssen sie unbesetzt lassen. Das führt dann nach dem Aktiengesetz zur Handlungsunfähigkeit der Vorstände. Die Konzerne können einpacken, weil sie keine Führungsschicht mehr haben. Eine börsennotierte Firma ohne handlungsfähigen Vorstand kann die Türen abschließen und ihre Leute nach Hause schicken.

Es ist wirklich unvorstellbar, dass eine zwangsverordnete Frauenquote von fast allen Politikern für gut befunden wird. Einmal ganz davon abgesehen, dass es einfach nicht genügend Frauen gibt, die sich für Führungsjobs interessieren (schließlich wollen die meisten irgendwann Kinder kriegen und sind gar nicht scharf auf einen Job, der sie 20 Stunden am Tag fordern würde): Leben wir denn in China, wo der Staat ähnlich massiv in die Privatsphäre des Einzelnen und in die Wirtschaft eingreift?

Und wie verträgt sich die zwangsweise verordnete Frauenquote mit einem der größten Probleme der heutigen Zeit, nämlich der grassierenden Kinderlosigkeit? Der kleine Mann auf der Straße weiß, was passieren wird: Je leichter Frauen die Karriere gemacht wird, desto weniger Kinder werden geboren und desto rentnerlastiger wird unsere Gesellschaft. Wir haben sowieso schon zu wenig Kinder, die geboren werden. Und die Politik unterstützt das auch noch?

Hier stellt sich die Frage, warum fronterfahrene Politikerinnen wie zum Beispiel Ursula von der Leyen nicht protestierend aufschreien, sondern die Pläne der EU auch noch unterstützen. Die Antwort lautet wahrscheinlich so: Sie glauben, dass Wählerinnen dumm sind und nur das Wort »Frauen« hören. Dass sie jeden wählen, der sich scheinbar für Frauen stark macht. Aber da irren die Politiker. Das Volk ist nicht dumm. Es denkt sogar nach. Und es fasst sich an den Kopf.

Diese Kakofonie ist unerträglich

Wir Bürger sind ja ein bisschen dumm und wissen nicht, wie Politik funktioniert. Wahrscheinlich deshalb ist uns völlig unbegreiflich, warum Politiker nicht erst denken und dann etwas beschließen. Anders gesagt: warum sie sich nicht erst untereinander einig werden und danach ans Volk herantreten, um das Ergebnis ihrer gesammelten Bemühungen zu verkünden.

Stattdessen sagt der eine dies und der andere sagt, dass es Quatsch ist. Wohlgemerkt, die beiden sind in derselben Koalition oder sogar in derselben Partei! Jetzt kommt noch die Opposition und sagt, warum sowohl der eine als auch der andere Quatsch redet. Danach wird das Thema erst einmal vertagt. Ganz ehrlich: So funktioniert das weder in einer Familie noch in einem Mietshaus noch in einer Firma noch in einem Land. So bescheuert und uneffektiv darf man einfach nicht regieren.

Wie wäre dieses Prozedere: Die eine Partei wird erst einmal mit sich selbst einig und bleibt auch dabei. Danach geht sie zum Koalitionspartner und guckt, was der davon hält. Mit dem einigt sich die Partei auf einen Kompromiss, und bei dem bleiben beide. Danach erst wird die Sache dem Volk verkündet, und das kann eventuell noch protestieren. Sollte das passieren, setzen sich alle noch einmal zusammen und überlegen neu. Was die Opposition sagt, ist bis hierhin vollkommen egal, denn die wird immer etwas gegen alles einzuwenden haben. Aber man könnte natürlich bereits innerhalb der Koalition auf die Opposition schielen und irgendetwas in den Kompromiss hineinnehmen, was denen auf jeden Fall gefallen wird!

So einfach ist Politik. So läuft das in der Familie: Die Kinder möchten gern einen Abenteuerurlaub machen. Also werden sie sich erst einmal untereinander einig. Danach redet der Älteste ernsthaft mit den Eltern. Die geben nach und sagen Ja. Es kommt aber garantiert nicht jedes Kind mit einem eigenen Vorschlag angerannt und haut den eigenen Bruder oder die eigene Schwester in die Pfanne!

Eine Mietergemeinschaft, die vom Hausbesitzer etwas will, würde sich ebenso verhalten: erst einig werden, dann etwas durchsetzen. Und eine Firma, die von Politikern geführt würde, wäre ganz schnell pleite. Nehmen wir mal ... eine Marmeladenfabrik, die drei Brüdern gehört. Der eine Bruder geht zum Vorarbeiter und sagt: »Ab morgen machen wir in die Himbeermarmelade einige Brombeeren hinein.« – »Okay«, sagt der. Die Brombeeren werden gekauft und hineingemischt. Da kommt sein Bruder und ruft: »Weg mit den Brombeeren!« Okay, die Brombeeren werden wieder herausgenommen und weggeschmissen. In dem Moment kommt der dritte Bruder und möchte ab morgen gar keine Marmelade mehr machen, sondern künftig Pommes verkaufen. Der ganze Streit wird natürlich so ausgetragen, dass alle Kunden der Marmeladenfabrik das mitbekommen, denn jeder der Brüder hat inzwischen eine Pressekonferenz abgehalten, in der er die anderen Brüder beschimpft. Die Mutter der drei zerstrittenen Brüder, also in der Politik wäre das Angela Merkel, würde sich vornehm zurückhalten und insgeheim hoffen, dass sich die Brüder künftig etwas weniger streiten. Eingreifen tut sie aber nicht, weil sie diesen Führungsstil für ganz normal hält. Gehts noch?

Wenn unsere Politiker
aufs Volk hören würden ...

... hätten sie von jeder schwäbischen Hausfrau schon vor Jahren lernen können, dass der Euro zwangsläufig im Desaster enden muss, weil man Deutsche und Griechen überhaupt nicht miteinander vergleichen kann. (Stammtisch-Weisheit)

... hätten wir immer noch die gute alte D-Mark, trotz »Wir sind Export-Weltmeister und profitieren am meisten vom Euro«: »Der Starke ist am mächtigsten allein«*, und was beim Euro rauskommt, sehen wir ja jetzt. (Stammtisch-Weisheit)

... wären wir niemals in Afghanistan eingeflogen, denn der naive Versuch, einer so fernen Kultur westliche Werte überzustülpen, war von Anfang an zum Scheitern verurteilt und die Taliban warten nur darauf, dass wir abrücken werden. (Stammtisch-Weisheit)

... dürfte die Türkei keinesfalls in die EU, weder »richtig« noch »privilegiert«, solange noch ein einziger Ehrenmord an einer türkischen Frau in Deutschland passieren kann und solange im fernen Kurdistan noch eine Kultur herrscht, die mit unserer schlichtweg nicht kompatibel ist. (Stammtisch-Weisheit)

... wäre kein einziges Schiff der Bundesmarine am Horn von Afrika im Piraten-Einsatz unterwegs, solange es dort keine politische Lösung gibt, denn dieser rein militärische Einsatz ist reine

---

* *Friedrich Schiller: »Wilhelm Tell«*

Augenwischerei und von vornherein zum Scheitern verurteilt. (Stammtisch-Weisheit)

… würden aufgeregt in die Kameras plärrende Jungspunde wie Philipp Rösler allenfalls bei den Jungen Liberalen Karriere machen dürfen, denn zum Mitregieren brauchts schon ein bisschen Lebenserfahrung. (Stammtisch-Weisheit)

… würden Arbeitslose unsere Straßen von Kaugummis, Kippen und Hundescheiße befreien und im Winter bei Oma vor der Tür Schnee schippen, anstatt auszuschlafen. (Stammtisch-Weisheit)

… würden Wiederholungs-Sexverbrecher »auf immer weggesperrt«, anstatt in Freiheit rund um die Uhr von der Polizei observiert zu werden. (Stammtisch-Weisheit)

… müssten Politiker nach ihrem Ausscheiden aus dem Amt erst einmal mindestens drei Jahre pausieren, bevor sie einen Job in der freien Wirtschaft annehmen dürften.[*] (Stammtisch-Weisheit)

… würden wieder mehr Menschen zur Wahl gehen und diesen Staat als den ihren betrachten, in dem es gerecht zugeht und Moral noch etwas gilt.

Aber nichts davon geschieht. Die Kluft zwischen der Politik und dem Bürger war noch nie so tief und unüberbrückbar wie heute. Und deshalb wollen wir das traurige Kapitel über die Schlechtigkeit der Politik (nach dem nun folgenden Fazit) beenden.

Das Fazit aus diesem Kapitel

Da hat nun jeder seine Entscheidungsfreiheit. Gar nicht mehr wählen gehen ist nicht die schlechteste. Die Stimmen einer

---

[*] Siehe Altkanzler Gerhard Schröder und seinen Job bei Gazprom, und Putin ist natürlich ein »lupenreiner Demokrat«.

Deppen-und-Ahnungslosen- oder gar einer Extrem-Partei zu geben, ist auf jeden Fall ein Fehler. Wir – also die Guten im Lande – haben eigentlich nur die Möglichkeit, entweder selbst in die Politik zu gehen und zeit unseres Lebens verbissen darum zu kämpfen, dass sich endlich einmal etwas ändert (keine schlechte Alternative, machen Sie mal), oder eben lautstark bzw. per ungültigem Stimmzettel unseren Protest anzumelden. So kann es jedenfalls nicht weitergehen.

Angela Merkel, zur Zeit des Erscheinens dieses Buches und wahrscheinlich auch noch eine Weile danach amtierende Bundeskanzlerin, schaut doch ebenso wie ihre Partei- und Koalitionskollegen und die gesamte Opposition nur darauf, was Wähler-(also Blödmann-)Stimmen bringt! Wir aber wollen Politiker, die uns a) endlich einmal die schonungslose Wahrheit sagen, und b) für uns kämpfen und c) die Kohle zusammenhalten und d) nicht ständig auf die nächsten Wahlen schielen. Dann hätten wir (e) noch gerne Politiker, die sich zuerst einig werden und uns erst danach das Ergebnis ihrer Verhandlungen verkünden. Wir möchten (f) eine gewisse Fraktions-Disziplin und haben überhaupt keine Lust darauf, dass sich Flügel Links und Flügel Rechts öffentlich zerfleischen.

Wir haben diese Leute gewählt, damit sie professionell ihren Job machen, und nicht dafür, dass sie sich wie im Kindergarten um die Puppen streiten und sich gegenseitig an den Haaren ziehen. Die Meinung des Autors haben Sie schon gelesen: Gar nicht mehr wählen gehen, es sei denn, und das ist eine klare Einschränkung, auf kommunaler Ebene. Dort kann man noch was bewegen mit der Wählerstimme. Bei der Landtagswahl vielleicht noch. Bei der Bundestagswahl nix.

Je größer, besser und feiner die Anwaltskanzlei, desto höher sind die Kosten. Das war uns kleinen Leuten schon immer klar. Deswegen haben wir meistens die schlechteren Anwälte. Und deswegen verlieren wir vor Gericht, auch wenn wir im Recht sind. Zwar sind vor dem Gesetz alle gleich. Aber das ist Theorie. In der Praxis gewinnt derjenige, der sich den besseren und teureren Anwalt leisten kann.

6. KAPITEL

Von schlechten Akademikern, diesen studierten Nieten und Nullen

Warum sabbeln Arzthelferinnen so einen Müll?

Den Sprech von Arzthelferinnen mag man nicht mehr hören. Seltsamerweise haben die alle den gleichen Slang drauf, der nicht nur Freunden der richtigen Grammatik tierisch auf den Geist geht.

»Dann *hätte* ich gern Ihre Versicherungskarte.« – »Dann *hätte* ich gern die Praxisgebühr.« Sie »hätte« gern? Das ist schlechtes Deutsch. Sie »möchte« unsere Versicherungskarte haben, und sie »möchte« die Praxisgebühr. Der Konjunktiv ist in diesem Fall eine sprachliche Sünde, die man vielleicht noch verzeihen kann. Aber es geht ja weiter.

»Dann *dürfen* Sie noch im Wartezimmer Platz nehmen.« – »Herr Meier, Sie *dürfen* dann schon mal in Behandlungsraum zwei.« Hä? Wie jetzt: Wir *dürfen?* Das klingt ja so, als würden wir uns nach dem Wartezimmer sehnen und hätten auf Knien darum gebeten, nicht sofort bedient zu werden! Wir *dürfen* nicht im Wartezimmer Platz nehmen, sondern wir *müssen.* Und um den Behandlungsraum zwei haben wir auch nicht gebettelt, sondern ein vermutlich grausames Leiden zwingt uns, ihn aufzusuchen.

»Herr Meier, dann *dürfen* Sie sich schon *einmal* obenrum frei machen.«

Das ist jetzt natürlich der Gipfel des sprachlichen Sprechstundenhilfenwahnsinns, denn kein Mensch würde jemals auf die Idee kommen, sich *zweimal* obenrum frei zu machen. Aber wir wollen nicht so sehr auf den Sprechstundenhilfen herumhacken. Die Doktoren sind nicht viel besser als sie.

Fast alle Wartezimmer sind eine Zumutung

Wir erwarten ja gar nicht, dass sich der Herr Doktor die Möbel fürs Wartezimmer bei Ligne Roset kauft und pro Stuhl 600 Euro auf den Tisch legt. Es muss ja auch keine originelle Optik an die Wände. Der Knochenklempner oder Darmreiniger oder Plombenmacher oder Vaginagucker, der Leberfleckentferner oder Linsenkorrigierer oder Geschwulsterkenner oder Psychoklempner muss ja nicht zwangsläufig ein Freund der Innenarchitektur, ein geschmackvoller Mensch oder gar ein Liebhaber schöner Räumlichkeiten sein. Aber der Sperrmüll, mit dem die Ärzte ihre Wartezimmer einrichten, ist die reinste geschmackliche Körperverletzung.

Da gehst du einmal bei Ikea durch und siehst mehr Wohnstil als im Wartezimmer, wobei das Wartezimmer einer Arztpraxis ja eine besondere Funktion hat: Es ist nicht etwa irgendein Raum, in dem Menschen halt so vor sich hin warten, wie zum Beispiel das Wartezimmer im Einwohnermeldeamt oder der Wartesaal im Bahnhof*, sondern es versammeln sich hier grundsätzlich und ausschließlich Menschen, die ein gravierendes, nämlich ein gesundheitliches Problem haben.

Da sitzt eine Frau, die beim Duschen einen Knoten in der Brust entdeckt hat und vielleicht schon heute erfahren wird, dass Letztere ab muss. Da sitzt einer, der macht sich in die Hose vor Angst und muss doch das Loch im Zahn füllen lassen. Da hockt eine Rentnerin, die vor Schmerzen kaum noch laufen kann, und in einer halben Stunde weiß sie von ihrem Oberschenkelhalsbruch, kommt in die Klinik und niemals mehr raus. Das Wartezimmer des Arztes ist deshalb ein so bedeuten-

---

* *Gibts den eigentlich noch?*

der Raum wie zum Beispiel ein Beichtstuhl in der katholischen Kirche. Aber der ist ja traditionell auch ziemlich kärglich eingerichtet.

Was man beim Beichtstuhl in der katholischen Kirche aber noch erklären kann (da soll einen halt nichts vom Beichten ablenken), das trifft fürs ärztliche Wartezimmer keinesfalls zu. Sind wir doch mal ehrlich: Der Arzt wird von uns dafür bezahlt, dass er uns im Falle einer dramatischen oder bedrohlichen gesundheitlichen Situation hilft oder uns im schlimmsten Fall auf unser nahes Ende vorbereitet und uns dieses so gut wie möglich versüßt.

Bis wir aber dem Arzt ins Auge schauen, verbringen wir bange Stunden in seinem Wartezimmer. Und wieso kann er das nicht wenigstens mit einem Minimalstandard ausstaffieren?

Hart und hässlich sind die Stühle. Zum Sperrmüll rausgestellt, würde sie keiner von der Straße holen. Die Garderobe besteht aus unterirdisch geschmacklosen Billig-Haken an der Wand. Die Kinderspielecke, wenn es denn eine solche gibt, besteht aus kaputten, verrotzten und lächerlichen Spielzeugfragmenten. Der Tisch in der Mitte, auf den alle glotzen, während sie sich vom Nachbarn mit Viren vollhusten lassen, dürfte im Billigmarkt keine zehn Euro gekostet haben. Und der Hammer sind die Illus, die auf ihm liegen.

Ich möchte gern einmal wissen, nach welchen Kriterien unsere Herren und Damen Doktoren eigentlich die Illustrierten aussuchen, die sie ihren Patienten zur Zerstreuung während der Wartezeit auf den Billigtisch knallen bzw. in welchem Rhythmus sie diese eigentlich austauschen.

Offensichtlich ist es den Doktoren, vermutlich weil sie nachts immer medizinische Fachzeitschriften lesen, die nur einmal im Jahr erscheinen, vollkommen unbekannt, dass die meisten Illustrierten einmal wöchentlich erscheinen. Also auch einmal wöchentlich ausgetauscht werden sollten.

Es liegt da der *Stern* vom letzten Monat, die *Bild der Frau* von vor sechs Wochen, die *Bunte* vom vorigen Jahr und für Männer die *auto motor und sport* von der letzten IAA, aber gerade eben steht die nächste vor der Tür.

Was für ein Depp ist dieser Doktor? Kauft der seine Illustrierten fürs Wartezimmer vielleicht beim Altpapierhändler? Kann er das Wort »Service« überhaupt buchstabieren? Vor allem aber, und ganz wichtig: Wie up to date wird seine medizinische Diagnose sein, wenn nicht mal sein Wartezimmer up to date ist? Wahrscheinlich behandelt er uns auch nach dem Standard von anno dazumal. Man sollte aufstehen, der Arzthelferin die Praxisgebühr wieder abknöpfen und nach Hause gehen.

Ähnlich düstere Gedanken belasten unser Gemüt, wenn wir den Blick über die Wände des Wartezimmers streifen lassen. Was da hängt, ist in der Regel eine Vernissage des schlechten Geschmacks.

Man kann noch dankbar sein, wenn der akademisch vorgebildete Wändeverschandler hochformatige Bilder vom menschlichen Knochengerüst oder Breitbandzeichnungen des zerfurchten Kiefers eines dental dringend behandlungsbedürftigen Kretins im Wartezimmer an die Wände pinnt.

Das ist zwar psychologisch voll daneben und jeder Ärzteberater würde die Hände über dem Kopf zusammenschlagen, weil man die Menschen in der tristen und ungewissen Wartezeit vor der womöglich letalen ärztlichen Diagnose nicht auch noch mit Abbildern der kreatürlichen Unzulänglichkeit konfrontieren, sondern sie eher ablenken und fröhlich stimmen sollte (Warum, zum Teufel, muss ich mir vor einer Zahnreinigung ansehen, welch grausige Folgen mangelnde Zahnpflege für meinen Kieferbereich haben kann? Will ich dann wirklich von wackelnden Zähnen, verkommenem Zahnfleisch und unrettbaren Gesichtsknochen wissen?), aber es gehört wenigstens zum Thema. Also, man könnte sagen: Wenn ein Arzt medizinisches

Laienwissen an die Wand des Wartezimmers nagelt, hat er zumindest schon einmal nachgedacht. Na ja, nicht so richtig und nicht wirklich, aber er hat es wenigstens versucht.

Ganz schlimm wird es aber, wenn der Arzt an die Wände seines Wartezimmers irgendwelche Landschaftsmalereien pinnt. O je! Meistens sind sie so schlecht und primitiv, dass selbst Oma lieber zur *Bild der Frau* vom letzten Jahr greift. Da haben wir den Sonnenuntergang überm Meer, das soll ja die Leute beruhigen, nicht wahr? Da haben wir ein hübsches Kinderbild, das stimmt doch gleich fröhlich, oder? Da haben wir einen Berg mit Schnee auf dem Gipfel, das macht die Menschen doch ausgeglichen und nimmt ihnen die Angst! Und da haben wir das klassische Meeresrauschen. Das beruhigt, ja ja.

So dämlich denkt der Herr Doktor. Er hat für die ganze Einrichtung seines Wartezimmers vielleicht maximal 500 Euro ausgegeben, weil er nämlich ein Geizschrat ist. Und genauso wird er uns, die wir ihm unsere Zukunft anvertrauen, auch behandeln.

Sollten wir also nur noch in Arztpraxen gehen, wo die Illus wochenaktuell auslieegen, wo die Möbel im Wartezimmer ein gewisses Flair haben und wo etwas Originelles an der Wand hängt? Die Antwort heißt: Ja! Nur werden Sie lange suchen müssen, bis Sie so eine Arztpraxis finden.

Und greifen Sie niemals wieder nach einer Illustrierten, deren Haltbarkeitsdatum abgelaufen ist. Knallen Sie die der Sprechstundenhilfe auf den Tisch, und zwar mit diesem Spruch: »Damit *dürfen* Sie sich dann *einmal* den Hintern abwischen.«

Die meisten Ärzte haben
das Euro-Zeichen im Auge

Zwar gibt es Ärzte, die sich richtig Zeit nehmen und uns Patienten als Individuen wahrnehmen. Das müssen wir hier nicht extra erwähnen. Aber je bedrohlicher die Lage für die Arztpraxen wird (schließlich kriegen sie für uns Patientenvieh ja kaum noch richtiges Geld), desto schneller wollen sie uns abfertigen.

Jeder medizinische Laie weiß, dass Krankheiten manchmal seelische Ursachen haben können. Aber welcher Arzt nimmt sich die Zeit, seine Patienten wirklich kennenzulernen? Schnell ein paar Pillen verschrieben, irgendetwas Unleserliches aufs Rezept gekritzelt, danke schön, das wars, und lassen Sie sich einen Termin für nächste Woche geben.

Früher war der Arzt eine Instanz, wo man sich ausweinen und einige Probleme besprechen konnte. Heute ist der Arzt in aller Regel ein Abrechnungs-Spezialist, der den Wert seines Patienten nach der Kohle berechnet, die er ihm einbringt. Zack zack, rein raus, so geht das heute in der Arztpraxis. Womöglich noch einen teuren Extra-Check mitverkauft, den die Kasse leider nicht bezahlt, und tschüs.

Den meisten Arztpraxen kann man nicht mehr vertrauen. Es sind Profit-Center.

☠

Chefärzte sind dreiste Geldschneider

Wer bei einer gesetzlichen Kasse versichert ist und operiert werden muss, der kriegt den Chefarzt ja gar nicht zu sehen und wenn, dann kommt er mal mit seinem Rattenschwanz von zehn Leuten bei der Visite ans Krankenbett, lässt sich vom Oberarzt kurz drei unverständliche Fachausdrücke ins Ohr flüstern, macht ein nettes, aber absolut unbeteiligtes Gesicht und zieht zum nächsten Bett weiter. Er hört gar nicht richtig hin. Wer gesetzlich versichert ist, lernt den Geldschneider gar nicht erst richtig kennen.

Wer aber privat versichert ist oder auch nur eine Zusatzversicherung hat, in der eine angebliche Chefarztbehandlung enthalten ist, um den kümmert sich der Chef persönlich. Das sieht dann so aus:

Man bekommt einen Termin, zu dem man erscheinen soll. »Vorbesprechung«. Ein Adlatus, der wahrscheinlich Karriere machen möchte, empfängt einen und stellt einem schon mal einige Fragen. Danach fliegt der Chefarzt ein und lässt sich die gestellten Fragen von dem Adlatus beantworten. Im Nebenzimmer wartet natürlich schon der nächste Patient. Der Chefarzt behauptet, dass er einen persönlich operieren wird, und sagt ein paar unverbindlich-nette Worte. Dann ist man entlassen. »Hey, etwas schneller bitte, wenn es geht«, so macht der Chefarzt den Adlatus nieder, und der schaut, dass er blitzschnell den Patienten im Nebenzimmer klarmacht. Wir Kranken wissen, was hier passiert: Ganz schnell sollen wir hier abgefertigt werden, denn sein Geld kriegt der Chefarzt auf jeden Fall. Nur: Je schneller er ist, je schneller der Adlatus arbeitet, desto mehr Geld kann er machen.

Als Nächstes hat man einen Termin beim Chef-Anästhesisten. Der ist zuständig für die Narkose. Auch bei ihm geht es ziemlich schnell. »Hey, ich hatte auch mal das, was Sie haben. Ich habe das nicht operieren lassen. Und sehen Sie, wie es mir heute geht: Super!!!« Und er reißt die Arme hoch und tanzt im Kreis. »Aber wir sehen uns morgen früh.«

Wir, der Patient und der flapsige Anästhesist, werden uns niemals sehen. Denn selbst, wenn er bei der Narkose persönlich anwesend wäre (was bezweifelt werden darf), wäre er beim Aufwachen längst nicht mehr da. Und beim Einschlafen hat man ihn auch nicht gesehen.

Aber zurück zum Chefarzt. Der hat soeben einem alten Mann den Rücken aufgeschnitten, Millimeter neben der Wirbelsäule, und mit hohem Risiko etwas entfernt, das er vorher angeblich nicht erkennen konnte. Es war vermutlich etwas unglaublich Gefährliches!

Die OP-Wunde ist ungefähr 20 Zentimeter lang. Der Patient leidet. »Wenn ich das so sehe«, sagt der Chefarzt bei der Visite, »dann würde ich fast sagen: Das ist, als wenn Sie ein Marcumar-Patient wären.[*] Dann jedoch wäre das nichts weiter als eine Wasseransammlung im Gewebe gewesen und wir hätten gar nicht operieren müssen.«

»Aber, Herr Professor«, sagt der verwirrte Patient, »ich *bin* Marcumar-Patient.« – »Ach so?« – »Ja, das steht in meiner Krankenakte!« – »Äh... Ja, aber das musste operiert werden.« Schon schließt sich die Tür hinter diesem dreisten Geldschneider. Er hat wahrscheinlich nicht einmal die Krankenakte richtig gelesen. Er hat nur gesehen: Dieser Patient ist privat versichert. Und er hat in diesem Fall mit hohem Risiko operiert, wo man nichts hätte schneiden müssen. »Chirurgen sind die Kavallerie der Medizin: Dumm, aber schneidig«, sagt ein alter Spruch unter Ärzten ...

---

[*] *Marcumar ist ein Blutverdünner.*

☠

Anwälte sind aber auch nicht besser

Je größer, besser und feiner die Anwaltskanzlei, desto höher sind die Kosten. Das war uns kleinen Leuten schon immer klar. Deswegen haben wir meistens die schlechteren Anwälte. Und deswegen verlieren wir vor Gericht, auch wenn wir im Recht sind. Zwar sind vor dem Gesetz alle gleich. Aber das ist Theorie. In der Praxis gewinnt derjenige, der sich den besseren und teureren Anwalt leisten kann.

So ein Anwalt weiß genau, was er wert ist. Man betritt seinen feinen Kanzleitempel, nachdem man sich einen Termin hat geben lassen. Man wird von einer eleganten jungen Dame in einen Konferenzsaal geführt, wo Ölgemälde von den früheren Besitzern der traditionsreichen Kanzlei an den Wänden hängen. Dann erscheint der Anwalt. Er lässt sich die Lage genau schildern und macht sich Notizen. Sagen wir mal, es handelt es sich um ein Grundstücksproblem, also Streitigkeiten um irgendwelche Grenzpfähle. Er äußert seine Meinung dazu und fragt, welche Unterlagen wir mitgebracht haben. Und dann sagt er: »Wissen Sie, eigentlich übernehme ich Fälle wie den Ihren überhaupt nicht. Unsere Kanzlei ist mehr auf große, millionenschwere Projekte spezialisiert. Wir vertreten große Unternehmen. Entsprechend sind natürlich unsere Honorare. Ich kann Ihren Fall trotzdem übernehmen und Sie vertreten. Dafür mache ich Ihnen ausnahmsweise ein Sonderhonorar. Es liegt bei 200 Euro pro Stunde.«

Hm. 200 Euro die Stunde (!) sind wirklich sehr viel Geld. Andererseits möchten wir ja unseren Prozess gewinnen. Sollen wir jetzt aufstehen und uns einen Feld-Wald-und-Wiesen-Anwalt suchen, der von Grundstücksrecht keine Ahnung hat? Wir wägen ab. Wie viele Stunden wird der Mann denn brauchen, um uns zu unserem Recht zu verhelfen? Fünf? Oder zehn, oder zwölf? Oder stehen am Ende 100 Stunden auf der Rechnung? Das wissen wir ja nicht, und das sagt er uns auch nicht. Wenn wir gewinnen und er wenige Stunden gearbeitet hat, lohnt es sich vielleicht. Wenn er richtig Zeit investiert und wir am Ende doch verlieren, war er zu teuer. Also gilt es, jetzt zu zocken.

Wer es sich leisten kann, wird den Anwalt nehmen. Interessant ist aber, wie schnell dieser Teuro-Jurist bereit sein wird, einem mäßig erfolgreichen Vergleich zuzustimmen. Er weiß natürlich, wie Richter ticken, und das ist ganz wichtig:

Richter haben nämlich grundsätzlich keine Lust, ein Urteil zu schreiben. Ein Urteil kostet Zeit und Mühe. Es muss der nächsten Instanz standhalten und richtig fundiert sein. Vermutlich gibt es auch eine interne Statistik: In der steht genau, wie viele Fälle von einem Richter in die nächste Instanz gehen und wie viele dort in der Luft zerrissen werden.

Deshalb sind Richter immer darauf bedacht, in 90 Prozent ihrer Fälle einen Vergleich hinzukriegen. Dann müssen sie keine langen Urteilsbegründungen schreiben. Sondern sie kritzeln einfach hin oder diktieren der Tippse von der Geschäftsstelle, dass sich die Parteien geeinigt haben. Danach können sie sich dann ihrem nächsten Fall zuwenden. Der sündhaft teure Anwalt wird mit Sicherheit dazu raten, diesen Vergleich anzunehmen. »Mehr würden wir in der nächsten Instanz wohl auch nicht herausholen«, flüstert er verschwörerisch in einer Prozesspause.

Eigentlich haben jetzt alle gewonnen. Außer uns. Der Richter hat viel Arbeit gespart, und der Anwalt bekommt sein weit überhöhtes Honorar. Natürlich ist kein Recht gesprochen worden. Sondern die hohen Herren, hier der Richter, da die Anwälte, haben sich wieder einmal auf einen schwachen Kompromiss geeinigt.

Hätten wir doch einen jungen Billig-Anwalt nehmen sollen, der die Hälfte verlangt hätte? Wer weiß schon, was dann passiert wäre.

Was man auch immer wieder erlebt: Anwälte, die anfangs hoch motiviert zu sein scheinen, verlieren manchmal sehr schnell die Lust an einem Fall. Dann nämlich, wenn sie sich auf einen Festpreis eingelassen haben und der Fall Arbeit zu machen beginnt. Das hatten sie sich so nicht vorgestellt. Vermutlich handeln sie schon hinter unserem Rücken einen faulen Kompromiss aus, dem wir niemals zustimmen würden. Anwälten kann man wirklich nicht trauen.

Architekten sind nutzlose Aufschneider

Neben dem Arzt und dem Anwalt darf man auch den Architekten nicht vergessen, wenn es um akademische Geldschneiderei geht. Ohne Architekt kann man weder bauen noch umbauen. Das Bauamt verlangt nämlich, dass man ihn mit der Planung beauftragt. Aber warum?

Nicht jedem Bauherrn leuchtet das ein. So muss er zum Beispiel die Kosten für den Statiker noch extra bezahlen, also zusätzlich zum Architekten-Honorar. Es kann also gar nicht passieren, dass man ohne Architekt aus Unwissenheit einen wichtigen Balken durchsägen würde, und danach käme einem die Decke runter. Dafür ist ja der Statiker zuständig! Der Architekt macht nur eine genaue Zeichnung.

Baut man ein Haus nur um, ist das ziemlich überflüssig. Plant man ein neues Haus, kann man einen Architekten vielleicht ganz gut gebrauchen, obwohl: Ist nicht die *Hausfrau* die eigentliche Architektin? *Sie* ist es doch, die dem Architekten sagt, wie er das Haus entwerfen soll. Warum kann sie das nicht gleich den Handwerkern sagen? Die sind auch imstande, eine genaue Zeichnung anzufertigen. Dazu noch ein Statiker, und die Bauarbeiten könnten beginnen.

Aber viele Tausend Euro schiebt man zwangsweise erst einmal zum Architekten rüber, der dafür noch nicht einmal die Bauaufsicht übernimmt! Er steht also nicht etwa morgens um sieben auf der Baustelle und passt auf, dass die Handwerker auch schön pünktlich erscheinen und das tun, was die Hausfrau will. Nein: Zur Kontrolle der Handwerker braucht man eine Bauaufsicht, und die kostet auch wieder extra. Der Architekt ist ziemlich überflüssig.

Manche Architekten bringen es sehr weit. Ihre Namen sind weltweit bekannt. Sie entwerfen die hässlichsten Häuser, die man sich vorstellen kann: riesige Schuhkartons ohne jeden Charme, windschiefe Türme, die jeden Statiker (und jeden Ästheten) vor Schreck erblassen lassen, Häuser mit Sehschlitzen statt Fenstern, vollkommen unpraktische Rundbauten, wo man nicht mal ein Regal aufstellen kann, sich selbst auf 40 Grad aufheizende Glaspaläste oder irgendeinen anderen architektonischen Schwachsinn. Dafür bekommen sie Preise und werden in den Medien gefeiert.

Gehen Sie heute mal durch die HafenCity in Hamburg: Das ganze Viertel, angeblich Europas modernste Baustelle, hochgelobt, ist eine riesige Ausstellung von Häusern, die nach Meinung des Autors so nie hätten gebaut werden dürfen. Durch hohle Gassen heult der Wind. Die nur wenige Meter entfernte Elbe kann man vor lauter Bausünden gar nicht mehr sehen. Für die Käufer der teuren Eigentumswohnungen und für die Mieter gibt es psychologische Betreuung, um die Einsamkeit im Quartier zu überwinden. Der Schulhof der einzigen Schule im Viertel ist oben auf dem Dach, weil unten kein Platz dafür ist. Diese Betonwüste scheint mir der Beweis dafür zu sein, wie hippe

Architekten, wenn man sie lässt, unsere Städte verschandeln. Und dafür bekommen sie auch noch Preise?

Am schlimmsten sind studierte Jung-Manager

Ohne Bachelor und Master bekommt man heute nicht einmal mehr eine Lehrstelle. Gleichzeitig bekommt man aber – und das ist ein seltsamer Widerspruch – nach dem Blitz-Examen und einigen Praktika sofort einen Job in der Führungsetage. Was heute von der Uni kommt, ist noch grün hinter den Ohren und wird trotzdem erfahrenen Experten vor die Nase gesetzt, die ihren Job seit Jahrzehnten machen. Lebenserfahrung zählt heute nicht mehr viel. Man sollte zusehen, dass man möglichst früh auf Rente gehen kann.

Es geht nicht mehr um erstklassige Arbeit, sondern es geht ums Einsparen. Kurzfristige Erfolge sind den schlechten Menschen in den Führungsetagen wichtiger als gute Qualität. Gerechnet wird in Quartalserfolgen und nicht mehr in langfristiger Kundenbindung. Wer es schafft, das Personal zu reduzieren, der hat die allerbesten Karrierechancen. Wer aufmuckt und sagt, dass es ohne eine gewisse Personalstärke keine gute Arbeit geben kann, der kann sich von seiner Karriere verabschieden: Sie wird nicht mehr stattfinden.

Wie war das früher? Was hat Deutschland wirtschaftlich so stark gemacht? Ganz langsam wurden gute Leute an Führungspositionen herangeführt und über Jahrzehnte dafür ausgebildet. Die Besten kamen von ganz unten, kannten und konnten jeden Job und hatten sich mühsam hochgearbeitet. Heute werden 25-Jährige auf Führungspositionen gehievt, für die man früher mindestens 50 sein musste. Aber wie soll ein 25-Jähriger schon alle Jobs einmal gemacht haben? Woher soll er wissen, wie der Laden funktioniert? Der Jugendwahn ruiniert unsere Wirtschaft und ist wahrscheinlich schuld daran, dass wir nicht mehr lange einen Spitzenplatz bei den Exporten haben werden.

Das Fazit aus diesem Kapitel

Wir sollten unseren Kindern abraten zu studieren. Denn wir möchten doch, dass etwas Anständiges aus ihnen wird. Wir sollten Anwälte meiden (im Internet gibt es Billigheimer, die einem schon für 40 Euro einen guten Tipp mit den zu erwartenden Erfolgschancen vor Gericht geben, und diese Tipps können Tausende Euro sparen). Wir sollten, wo immer möglich, auf den Einsatz von Architekten verzichten und uns, wenns denn sein muss, einen auf Rente suchen. Der macht es für kleines Geld und freut sich, wenn er wieder mal gebraucht wird. Wir sollten Ärzte nach der Aktualität der Illustrierten in ihren Wartezimmern beurteilen und nie wieder zu einem Arzt gehen, der uns die *Bild der Frau* vom letzten Jahr zumutet. Kurzum: Wir sollten unseren Respekt vor den Akademikern verlieren und sie als das betrachten, was sie im Grunde immer schon waren: Dienstleister von unseren Gnaden.

Wenn Sie das Buch bisher ziemlich dreist fanden, lesen Sie mal dieses Kapitel. Hier geht es um alle, über die das Schutzschild der Political Correctness wacht und die deshalb überhaupt nicht kritisiert werden dürfen. Die einen sind arm, die anderen verfolgt, die dritten machen einen Scheiß-Job und so weiter. Wir, also die Guten, haben so ein Modul im Schädel, das automatisch klickt und das unser Kritikvermögen ausschaltet, wenn jemand eine arme Sau ist. Wir fangen mal mit den Bettlern an.

7. KAPITEL

Achtung, hier wirds politisch unkorrekt

☠

Bettler dürfen sich alles erlauben

Wenn Sie das Buch bisher ziemlich dreist fanden, lesen Sie mal dieses Kapitel. Hier geht es um alle, über die das Schutzschild der Political Correctness wacht und die deshalb überhaupt nicht kritisiert werden dürfen. Die einen sind arm, die anderen verfolgt, die dritten machen einen Scheiß-Job und so weiter.

Wir, also die Guten, haben so ein Modul im Schädel, das automatisch klickt und das unser Kritikvermögen ausschaltet, wenn jemand eine arme Sau ist. Wir fangen mal mit den Bettlern an.

Obdachlos zu sein oder wenigstens so auszusehen ist ein Freifahrtschein für schlechtes Benehmen. Aggressive Bettler belästigen uns am Berliner Hauptbahnhof ebenso wie an der Hamburger Binnenalster. Die Deutsche Bahn hat auf den Bahnhofsvorplätzen zwar Hausrecht, sie tut aber ebenso wenig wie die Polizei in den Einkaufsstraßen oder an den Ampeln, wo junge Typen unsere Frontscheiben zerkratzen und dreist dafür Geld verlangen.

Mitleid ist eine schöne Charaktereigenschaft. Das Problem ist: Bei uns tritt sie an die Stelle des logischen Denkens. Wenn sich ein offensichtlich gesunder junger Mensch dafür entscheidet, sein Geld mit Betteln statt mit Arbeit zu verdienen: Wieso »leidet« der dann, und warum »leiden« wir mit, empfinden also »Mitleid«?

In Berlin am Hauptbahnhof muss man sich mal eine halbe Stunde hinstellen und nur so die Leute beobachten. Es ist sehr erstaunlich, mit welcher psychologischen Raffinesse es die bettelnden Gestalten aller Altersklassen schaffen, den eiligen Reisenden einen Euro nach dem anderen aus der Tasche zu locken.

Es gibt aber auch welche, die geben sich überhaupt keine Mühe. Die beten tausendmal am Tag ihren Standardspruch runter und zehnmal haben sie damit Erfolg, was ihnen vollkommen ausreicht. Kann man denn von Bettlern nicht wenigstens ein bisschen persönlichen Einsatz erwarten, also dass sie zum Beispiel eine wirklich originelle Lügengeschichte erzählen?

Es kann auch sehr spannend sein, einem vermeintlich Beinamputierten nach Geschäftsschluss in der Einkaufsmeile heimlich zu folgen und zu beobachten, wie er in sein Auto steigt und durchaus in der Lage ist, Gas zu geben und die Kupplung zu treten. Es schafft auch kaum eine Kommune, mit dem Problem der Bettelkinder fertig zu werden: Säuglinge, flehend dem Passanten entgegengehalten, sollen bei Wind und Wetter und Regen und Sturm die Spendierfreudigkeit erhöhen.

Spätestens dies ist doch eigentlich der Moment, wo gerade die Gutmenschen unter uns sich starkmachen müssten für die gequälten und misshandelten und zum Betteln missbrauchten Kinder, aber man hat von diesen Pächtern und Bewahrern der Ausgewogenheit und Objektivität noch nie etwas gehört, was in diese Richtung gehen würde. Leute, die sich über dieses Kapitel tierisch aufregen werden, weil Kritik an Bettlern bei uns politisch unkorrekt ist, gehen täglich mehrmals an missbrauchten Bettelkindern vorbei und scheren sich nicht darum. Sie gucken einfach weg.

Betteln ist heute ein ziemlich lukratives Geschäft, wenn man es richtig anstellt und sich auf die Leute versteht. Es schläft nicht jeder Bettler unter einer Brücke. Es gibt unter Ungewaschenen so viele schlechte Menschen wie unter frisch Geduschten. Und es gibt eine straff organisierte Bettel-Mafia, die sich kaputtlacht über die Dämlichkeit der chronisch Mitleidigen in diesem seltsamen Deutschland.

Was macht ein Mensch mit einer anständigen Portion Egoismus? Er kennt kein Mitleid. Schon mal gar nicht mit Leuten, die ihn auf offener Straße belästigen und ihm womöglich noch hinterherlaufen! Er glaubt grundsätzlich nichts von den vielen gebetsmühlenartig wiederholten traurigen Familiengeschichten, hält Bettler für selbst verantwortlich für ihr eigenes trauriges Schicksal und überlässt sie diesem. Er würde ja auch niemandem seinen Regenschirm schenken, nur weil der seinen zu Hause vergessen hat, und selbst nass werden. Dem nächsten Bettler, der Sie belästigt, sagen Sie: »Okay, guter Freund, wir beide gehen jetzt in die nächste Bäckerei und da kaufe ich dir ein Brötchen.« Glauben Sie, dass der Bettler mitgeht? Der wird Sie übel beschimpfen und zur Hölle wünschen! Er will Ihr Bargeld, um sich dafür Schnaps zu kaufen. So ist das.

Nichts ist schlimmer als ein Rentner an der Wursttheke

Es gibt ganz entsetzlich widerwärtige Rentner. Die fürchterlich penetranten, die ohne Benehmen, die nervigen, die egozentrischen, die unästhetischen, die aufdringlichen, die lauten, die wehleidigen und die schmutzigen. Sollte man sie verschonen, nur weil sie alt sind? Nein!

Es ist ja nicht nur so, dass sie durch ihre bloße Existenz unseren Staat an den Rand des Bankrotts bringen; damit könnten wir ja noch leben. Nein: Im Supermarkt pressen sie ihre Schrumpel-Finger in jede Tomate, bevor sie sich die besten heraussuchen. Und das ist wirklich eklig.

Wir schauen weg und schaufeln (nicht »grapschen« so wie die), also wir schaufeln uns einige Kartoffeln in die kleine Plastiktüte, schreiten zur Waage und schauen auf die vielen Zahlen, um die Kartoffeln zu finden, als uns so eine besserwisserische, der Bahre schon recht nahe gespenstische Gestalt schon mit ihrer feuchten Aussprache in den Nacken zischelt: »Kartoffeln ham die 49!« Als hätte sie derart viel um die Ohren, dass sie die eine Sekunde nicht mehr abwarten könnte, bis wir selbst die 49 entdeckt haben.

Viele Menschen hätten lieber Fußpilz, Hämorrhoiden und Zahnfäule als einen Rentner vor sich an der Wursttheke. Denn viele Rentner sind nicht nur Nerven-, sondern auch Zeitfresser. Es liegt wohl auch daran, dass sie nichts zu tun haben den lieben langen Tag und die Bestellung bei der Wurstthekenverkäuferin *das* kommunikative Highlight ihres ansonsten eher ereignisarmen Tages ist.

Dass sie sich ausführlich und zeitraubend über Geschmack und Herkunft der einzelnen Wurstsorten aufklären lassen, mag ja noch hingehen. Dass sie nach endloser Diskussion von den ausgewählten Produkten nur je zwei Scheiben wählen (»dünn geschnitten«, was sonst), das ist nicht unser Problem, sondern das des Supermarktbesitzers.

Aber dass sie auch noch darauf bestehen, nicht die Schnittfläche eingepackt zu bekommen, sondern diese erst für sie abgeschnitten werden muss, obwohl direkt vor ihnen von genau demselben Stück Wurst in den letzten zehn Minuten 20 Scheiben abgesäbelt wurden, das ist nur mit der Lust am Quälen des Hintermannes zu erklären, der nun wirklich langsam mit den Hufen zu scharren beginnt und sich bei politisch vollkommen unkorrekten Gedanken ertappt, zum Beispiel bei der Frage, ob die Kassen wirklich jeder 80-Jährigen noch eine neue Hüfte finanzieren sollten. Wenn nicht, wäre man heute schneller an der Kasse durch.

☠

Zeitdiebe: »Ich glaub, ich hab es passend«

Ach je, die Supermarkt-Kasse. Da dies heute unser absoluter Unglückstag ist, befinden sich wiederum etliche Ätz-Rentner in der Schlange vor uns. Man kann dem auch nicht ausweichen. Denn Rentner sind heutzutage quasi rund um die Uhr damit beschäftigt, uns im Wege zu stehen:

Frühmorgens sind sie schon die Ersten auf der Straße, denn dann fahren sie billiger mit Bus und Bahn, und weil sie ja die neue Hüfte von der Kasse haben, können sie auch abends um kurz vor acht noch einkaufen gehen. Also hat man es eigentlich ständig beim Einkaufen mit Ätz-Rentnern zu tun.

An der Kasse schieben sie nun betulich und in aller Ruhe, wogegen ja nichts einzuwenden ist, ihre kärgliche Ware auf das Fließband (natürlich alles von »Gut & günstig«, denn sie kennen sich aus), und dann sind sie endlich dran und die Kassiererin sagt: »7,62 Euro.«

Oje. 7,62 Euro. Jedem gestressten erwerbstätigen Menschen, der nur eben einmal schnell in der Mittagspause seinen Salat in diesem Supermarkt abgreifen wollte, schwant jetzt Böses. Denn er kommt, der Spruch, den jeder Rentner so liebt, den wir aber nie wieder an der Kasse vor uns hören möchten: »Ich glaub, ich hab es passend!«

»Ich glaub, ich hab es passend.« Mahlzeit. Wir können Picknick machen. Hier kommen wir so schnell nicht raus. Denn nun fingert Oma zunächst einmal nach ihrer speckigen Geldbörse aus den 1950er-Jahren. Die wird sie doch wohl nicht vergessen haben? Nein, die Geldbörse findet sich nach einigem Tasten tatsächlich.

Nun sucht sie erst einmal nach einem Fünf-Euro-Schein, was noch nicht das große Problem ist, denn außer einigen Zehnern, die noch bis Monatsende reichen müssen, ist ohnehin nichts mehr drin im Geldscheinfach. Also zuppelt sie den Fünf-Euro-Schein heraus und wir schauen genervt zur Supermarktdecke, denn wir wollen eigentlich gar nicht zugucken, wie sie nun nach einer Zwei-Euro-Münze fingert, die ja noch verhältnismäßig groß ist: Man kann sich bereits jetzt ausrechnen, dass die Zeit, die sie für eine 50-Cent-Münze brauchen wird, in etwa doppelt so lang ist wie die Zeit für die Zwei-Euro-Münze, weil sie eben in etwa nur halb so groß ist wie jene.

Nun gilt es, eine Zehn-Cent-Münze zu schnappen. Oje. Die ist aber klein! Die kann Oma gar nicht mehr *sehen!* Aber irgendwo *muss* noch eine sein! Oder etwa nicht? Das wäre jetzt aber unangenehm.

Oma unterbricht ihre emsige Suchtätigkeit und lächelt die Kassiererin nett an. »Ich hab ja meine Brille nicht dabei«, verrät sie. Okay, Oma, du hast dein blödes Kassengestell zu Hause vergessen, das interessiert hier niemanden, es ist andererseits aber auch nicht schlimm, nur warum zahlst du dann nicht mit dem letzten Zehn-Euro-Schein und steckst ohne größere Zeitverzögerung das Wechselgeld ein?

Das wäre natürlich möglich, und es ist durchaus denkbar (wenn auch nicht bewiesen), dass Oma von dieser Möglichkeit Kenntnis hat. Man muss ja nicht »passend« bezahlen, wenn man dadurch die gesamte Kassenschlange ins Stocken bringt und die deutsche Volkswirtschaft dauerhaft schädigt, indem man Menschen vom Arbeiten abhält. Es ist also nicht auszuschließen, dass Oma *mit Absicht* »passend« zahlt. Und noch hat sie ja nicht einmal damit begonnen, eine Zwei-Cent-Münze oder gar zwei Ein-Cent-Münzen zu suchen …

Unter Klofrauen gibt es
ziemlich viele Schlampen

Eigentlich haben sie ein sehr gutes Image. So, als wären sie allesamt die jüngeren Schwestern von Inge Meysel. Aber die Klofrauen von heute sind frech und faul. Jedenfalls gilt das für die meisten.

Bei der Klofrau denkt man normalerweise an die großherzige seelenvolle Mutti, die ein schweres, unverschuldetes Schicksal hinter den schmucklosen Tisch mit dem Teller drauf in den tageslichtfreien Vorhof der Kloake verschlagen hat und die mit den achtlos hingeworfenen Münzen außer ihren eigenen zwölf Kindern auch noch zwei hungernde Waisen in Afrika ernährt. Eine Mutter Teresa, die immer und immer wieder, und zwar ohne zu klagen, die hinterbliebenen Tropfen von männlichen Schmutzfinken mit zu viel Restharn in der Röhre von Brille und Klofliesen aufnimmt, dabei niemals die gute Laune verliert, stets ein Liedlein auf den Lippen und auf dem Damen-WC für die jungen Dinger nicht nur ein vom kargen Lohn abgespartes Tampon in der reinlichen Schürzentasche, sondern auch noch einen weisen mütterlichen Gratis-Rat bezüglich des aktuellen Liebeskummers parat hat.

Die Klofrau, so die weit verbreitete Mär, teilt daheim den Laib Brot in dünne Scheiben und knabbert erst dann am verbliebenen Knust, wenn die Lieben allesamt satt und zu Bett gebracht sind, um nach einem längeren Nachtgebet selbst in einen todesähnlichen Schlaf zu fallen und am nächsten Morgen in aller Herrgottsfrühe, jedenfalls vor Sonnenaufgang, wieder der harten Arbeitsfron nachzugehen. Das war vielleicht früher einmal so!

Heute kommt man auf einen Autohof, und das Klo sieht aus wie Sau. Da war seit Stunden keiner mehr drin und hat irgendetwas geputzt. Der Boden klebt, das Papier ist alle, die Brille ist blind und klebrig, in der Schüssel sind Bremsspuren von mehreren Tagen, der Seifenspender ist leer und wenn man das alles überlebt hat, dann trifft man draußen auf die Klofrau.

Die spricht zwar kein Deutsch. Aber sie weiß genau, dass Einmal-auf-Klo-Dürfen 50 Cent wert ist, und wehe, man lässt es nicht klimpern, dann flucht sie hinter einem her oder stellt sich einem sogar in den Weg. Weist man sie höflich darauf hin, dass die Toilette ungeputzt ist, dann wird sie rotzfrech und beschimpft einen.

Die durchschnittliche Klofrau hat mit den Bettlern aus dem vorigen Kapitel etwas gemeinsam, denn auch sie gehört mit hoher Wahrscheinlichkeit zu einer Mafia. Sehr viele Autohöfe und Raststätten haben die Toilettenreinigung längst an Billig-Unternehmer outgesourct. Die Klofrau muss wahrscheinlich bis auf einen Mini-Rest alles, was sie kriegt, an ihren Scheißhaus-Luden abgeben.* Das wäre jetzt doch ein guter Grund, schon wieder das deutsch-typische Mitleid zu bekommen. Na, dann geben Sie ihr halt zwei Euro statt 50 Cent! 1,90 Euro davon kassiert die fröhlich grinsende Mafia.

---

* Laut »Panorama«-Recherchen hat ein einziges Unternehmen in vier Jahren bis zu 10 Millionen Euro Trinkgelder an Autobahnraststätten-Toiletten kassiert, ohne für das Personal die entsprechenden Sozialversicherungsbeiträge zu zahlen. Der Schaden durch solche Reinigungsfirmen soll bundesweit über 100 Millionen Euro betragen. Pro Toilettenanlage und Tag werden bis zu 200 Euro eingenommen. Das Personal arbeitet zum Teil für einen Stundenlohn von zwei Euro.

Nichtraucher sind faschistoid

Ganz schrecklich sind auch die Nichtraucher. Vor allem die militanten. Sie haben es doch längst schon geschafft: Sie haben die Macht. Aber das reicht ihnen nicht.

Raucher werden verfolgt, ausgegrenzt und der Lächerlichkeit preisgegeben, außerdem setzt man sie gesundheitlichen Gefahren aus. Frierende Gestalten müssen sich zur Winterszeit im Schatten der großen Bürohäuser in zugige Ecken drücken, wo sie mit schlechtem Gewissen einige hastige Züge in die hohle Hand paffen und mit hochgestelltem Jackenkragen wie auf frischer Tat ertappte Kinderschänder wieder an ihre aseptischen rauchfreien Arbeitsplätze schleichen.

Milliarden Kippen liegen auf unseren Bürgersteigen, werden vom Regen in die Gullys gespült, gelangen von dort ins Grundwasser und somit in die Nahrungskette und das Nikotin aus den Stumpen auf unseren Straßen schädigt am Ende die Nichtraucher vermutlich mehr, als wenn sie in der Eckkneipe passiv mitrauchen würden, denn dort landen die Kippen im Aschenbecher.

In jeder Firma gibt es Anti-Qualm-Fanatiker, die Raucher am liebsten wegsperren würden. Arbeitgeber und Betriebsrat buckeln vor ihnen und haben das fast flächendeckende Rauchverbot am Arbeitsplatz schneller durchgesetzt, als Politiker ihre Überzeugung wechseln. Aber damit nicht genug.

Schaffen Arbeitgeber und Betriebsräte der kleinen verfolgten Minderheit von immer noch rauchenden Mitarbeitern ein winziges Reservat, so wie es die Amerikaner mit den Indianern in den menschenverachtenden Zeiten des amerikanischen Goldrausches machten, richten sie also ein sogenanntes »Raucherzimmer« ein, in dem die letzten Häuptlinge vom Stamme der »Qualmapachen« ihrem sündigen Tun nachgehen dürfen, wobei sie nicht etwa rauchend auf bequemen Sesseln relaxen dürfen, sondern sich in eine Art Telefonzelle zu stellen haben, die per Bewegungsmelder beim Betreten zu rütteln beginnt und den Rauch mit ungemütlicher Zugluft nach oben wegsaugt, als sei der Raucher ein kontaminiertes Wesen aus der japanischen Kernkraft-Branche, gibt es garantiert von den sündenfreien Funktionären der nichtrauchenden Gutmenschen-Fraktion ein Veto, weil der Qualm angeblich aus dem Raucherzimmer durch die geschlossenen Wände und die Ritzen in den Türen, vor allem aber durchs Schlüsselloch in die Nachbarbüros dringt und den dort tätigen Kolleginnen und Kollegen unmittelbar ein Lungenkarzinom verpasst, was man so nicht hinnehmen kann. Militante Nichtraucher sind paranoide Hypochonder.

Also wird das Raucherzimmer ganz schnell wieder geschlossen, und der rauchende Kollege begibt sich klaglos vor die Tür in die Zugluft zu den anderen von militanten Nichtrauchern verfolgten Wesen.

Das reicht diesen marodierenden Anti-Qualm-Sektierern aber immer noch nicht. Wie es bei faschistoiden Gruppierungen üblich ist, wollen sie das vermeintliche Übel mit der Wurzel ausrotten, heißt: Ihre Toleranzgrenze liegt weit unter null. Sie sind undemokratisch und autoritär. Schon sehr früh hatten sie die Deutsche Bahn für sich entdeckt. Alle Raucherabteile wurden blitzschnell abgeschafft, so als ob alle Raucher Schwarzfahrer wären und der Bahn keinen Cent einbringen würden. Wie viele Millionen Euro gehen der Deutschen Bahn wohl verloren, und wie viele Abgase werden wohl in die Luft geblasen, weil Raucher zwischen Hamburg und Berlin seitdem lieber den eigenen Wagen als die Bahn nehmen? Schon deswegen ist der Umweltschaden, den die Anti-Nikotin-Lobby mit ihrem verbissenen Krieg gegen Raucher anrichtet, höher als der Nutzen solcher Zwangsmaßnahmen für die Gesundheitsbilanz der Bevölkerung.

Auf den Bahnhöfen, und zwar immer dort, wo keiner gerne steht (möglichst außerhalb der Überdachung, denn wer raucht, der darf auch nass werden und sich eine Lungenentzündung holen, denn seine Lunge ist ja ohnehin schon verseucht), haben sie circa zwölf Quadratmeter große Flächen mit gelber Farbe markiert und einen Riesenaschenbecher hineingestellt. Dort drängeln sich die Freunde der letzten Zigarette vorm Einlaufen des Zuges wie Schafe im Gatter beim Abtransport in den Schlachthof, dicht an dicht stehen sie wie Aussätzige, belacht von den Gutmenschen im überdachten Bahnsteigsbereich, zusammengetrieben von Putzmännern, die keine Lust aufs Kippensammeln außerhalb dieser kontaminierten Gefahrenzone haben und sich aufspielen wie Hütehunde beim Zusammentreiben einer Herde; der Riesenaschenbecher hat längst zu brennen begonnen wie eine rostige Tonne beim Rapper-Treff in der Bronx, schüchtern und zaghaft machen die erniedrigten und ihrer Würde beraubten Raucher auch noch Witze über ihr menschenunwürdiges Los, und noch schlimmer ist es eigentlich nur noch auf unseren Flughäfen.

Dort landen täglich Tausende von Rauchern, die einen mehrstündigen Entzug hinter sich haben und sich ehrlich nach einer Zigarette sehnen, bevor sie sich ans Fließband stellen und auf ihre Koffer warten.

Diese Menschen sind ganz arm dran. Man stellt ihnen im Ankunftsbereich wie zum Hohn einen Glaskasten zur Verfügung, der in etwa die Größe eines Gästeklos hat und in dem sich zur Urlaubszeit ungefähr 40 bis 50 Raucher gegenseitig auf die Füße treten, bis sich die Tür nicht mehr schließen lässt und der Rauch in dichten Schwaden nach draußen quillt. Drinnen stinkt es wie in einem Kippen-Endlager, was nicht einmal Kettenraucher sexy finden. Es geht hier übrigens nicht um die Gesundheitsschädlichkeit des Rauchens, es geht auch nicht um die blöde Binsenweisheit »Dann hört doch auf damit«, es geht nur darum, wieso sich eigentlich Millionen Nikotin-Freunde von der Anti-Raucher-Lobby zu debilen Deppen haben erniedrigen lassen.

Denn der gesellschaftliche Konsens, dass Raucher asozial sind und eigentlich verboten werden müssten, hat ja Konsequenzen. An der Bushaltestelle, bei scharfem Westwind, zieht sich der werktätige Bürger noch schnell eine Zigarette rein; die junge politisch korrekte Mutter, die ebenfalls auf den Bus wartet, reißt ihr Kleinkind aus der Karre und zieht es unter Ablassen von wüsten Beschimpfungen aus der angeblichen Qualmwolke heraus, obwohl der Wind aus ihrer Richtung kommt und allenfalls der Raucher belästigt wird, nämlich durch die Ausdünstung der vollgepissten Windel. Der NDR hetzte kürzlich Kinder in Werbespots gegen rauchende Erwachsene und damit womöglich gegen die eigenen Eltern auf und sendete diese Spots fast im Stundentakt.

Es geht bei der militanten Anti-Raucher-Kampagne der heutigen Gutmenschen überhaupt nicht mehr um die Gefahren des Nikotinmissbrauchs. Sondern es geht um die perverse Lust des scheinheiligen Anti-Qualm-Pharisäers an der Unterdrückung Andersdenkender und Anderslebender. Es geht um Ausgrenzung, Intoleranz, Gewalt und Hass gegen eine ungeliebte Minderheit. Dass sich Millionen Genuss-Raucher derart manipulieren und verarschen lassen, ist ein ganz schlechtes Indiz für das Funktionieren unserer Demokratie. Und jetzt rauchen wir erst mal eine.

Handwerker sind fast alle Betrüger

Während wir rauchen und dabei über dieses und jenes nachdenken, kommen wir schon zum nächsten Thema: Fast alle Handwerker sind Betrüger.

Während es früher einen Moralkodex des ehrbaren Handwerks gab, sind die Sitten heute verroht. Man kann weder dem Meister noch seinem Kostenvoranschlag trauen. Ein jeder versucht, uns zu beschubsen. Und schnell verdientes Geld geht auch hier vor Qualität. Das deutsche Handwerk hat seine Unschuld verloren. Man sollte vielleicht nur noch Schwarzarbeiter beschäftigen, aber die kriegt man ja kaum noch. Die Polen, früher solide und billig, sind weitergezogen nach England. Dort verdienen sie mehr als bei uns.

Der Handwerksmeister beschubst uns am allerliebsten mit seinem angeblichen Festpreis. Ein Festpreis klingt fair und gerecht. Aber wir sind zu dämlich, um den Trick zu durchschauen: Er setzt den Festpreis so hoch an, dass er die Arbeit in der halben Zeit schafft. Den Festpreis müssen wir trotzdem bezahlen.

So funktioniert das: Eine Mauer soll eingerissen werden. Im Festpreis-Angebot wird diese Arbeit mit acht Stunden berechnet. Das sind ungefähr 376 Euro. Wir wissen nicht so genau, wie schnell man eine Mauer platt kriegt, und akzeptieren den Festpreis. Der Geselle erscheint und ist nach vier Stunden fertig. »Hallo«, sagen wir, »waren nicht acht veranschlagt worden?« – »Ja«, sagt der brave Handwerker, »aber wenn ich es in vier schaffe, ist es doch mein Glück und nicht Ihres.« Er hat einfach vier Stunden zu viel kalkuliert, denn es hätte sich in der Mauer ja vielleicht ein unerwartetes Gasrohr oder ein Fundament vom Führerbunker oder ein anderes Hindernis finden können. Er hat also dreist 100 Prozent draufgeschlagen und möchte dieses Geld nun auch haben. Es ist ja ein »Festpreis« gewesen.

Danach hauen wir natürlich auf den Putz und fragen den Handwerker, ob er noch alle Tassen im Schrank hat. Wir stellen um auf konkrete Abrechnung nach tatsächlich geleisteten Arbeitsstunden. Und was passiert nun? Plötzlich taucht ein Problem nach dem anderen auf. Die Zahl der Handwerker auf der Baustelle (und damit auch die Summe auf der Abrechnung) verdoppelt sich wie von Zauberhand. Plötzlich werden Stunden abgerechnet, die es gar nicht gibt. Der Lehrling wird über Nacht zum Gesellen. Der wird zum Meister und auch entsprechend teuer. Kurzum: Egal, wie wir es anstellen – der Handwerker gewinnt immer.

Natürlich weiß er, dass wir nie wieder seinen Betrieb ansprechen werden, wenn es um einen neuen Auftrag geht. Er weiß, dass er verbrannt ist. Aber das ist ihm egal. Schnelles Geld geht vor solide Kundenbindung. Insofern unterscheidet sich der kleine Handwerksbetrieb heute gar nicht mehr von dem Großkonzern, der ebenso gnadenlos auf Gewinnmaximierung aus ist.

Jeder Handwerker arbeitet schwarz

Polen kriegt man nicht mehr als Schwarzarbeiter, wie gerade geschildert. Aber unsere deutschen Handwerker sind an jedem Wochenende fleißig am Schwarzarbeiten. Machen Sie doch an einem warmen Sommerwochenende mal eine Fahrradtour über die Dörfer! Sie werden staunen, wie fleißig und effektiv auf zig Baustellen gearbeitet wird. Da wird gehämmert und gesägt, gebaggert und gemauert. Schweres Gerät kommt zum Einsatz. Lastwagen fahren Schutt ab, hier steht das Auto von einem

Maler, dort der Lieferwagen von einem Gas-Wasser-Scheiße-Monteur. Erst am Wochenende wird Deutschland richtig fleißig. Drei haben das Nachsehen: das Finanzamt, Fachbetriebe, die ehrliche Rechnungen schreiben, und Bauherren, die Handwerksbetrieben vertrauen.

Das Ergebnis ist nämlich nicht, dass unsere Baufirmen ihre Leistungen gezwungenermaßen billiger anbieten, um konkurrenzfähig zu bleiben. Wahrscheinlich können sie das auch gar nicht, weil sie es sonst mit den Gewerkschaften zu tun kriegen. Sondern um am Markt überhaupt noch bestehen zu können, schlagen sie bei den braven Kunden, also bei uns, die wir keine Schwarzarbeiter auf unserer Baustelle sehen möchten, reichlich drauf. Sie verarschen uns nach Strich und Faden.

Achten Sie mal darauf, wo die Betriebsfahrzeuge der Handwerksfirmen am Wochenende parken. Das ist der Hammer: Von Sonnabendmorgen bis Sonntagabend spät sieht man sie überall, nur nicht auf dem Hof ihrer Firma. Dort sollten sie eigentlich parken. Aber das tun sie nicht. »Abends wird der Faule fleißig«, sagte Oma, und heute heißt es: »Am Wochenende wird der Handwerker fleißig.« Vielen Chefs gefällt das nicht. Sie haben etwas dagegen, dass ihre Gesellen die Wochenenden dazu nutzen, um ihren eigenen Interessen nachzugehen. Sie statten die Betriebsfahrzeuge mit GPS-Sendern aus, um deren merkwürdige Touren am Wochenende nachvollziehen zu können. Nur, um die Schwarzarbeit einzudämmen. Aber letztendlich nützt das auch nichts. Gute Leute sind schwer zu kriegen. Und die Guten benutzen schamlos die Fahrzeuge ihres Arbeitgebers, um sich schwarz noch etwas dazuzuverdienen. Wird ihnen das verboten, kündigen sie eben. Und der Arbeitgeber hat dann nichts mehr von ihnen. Das genau ist der Grund, warum man so viele Handwerker-Fahrzeuge am Wochenende irgendwo vor seltsamen Baustellen sieht. Es ist ganz traurig: All das Geld, was hier schwarz bezahlt wird, geht uns Steuerzahlern verloren.

Das Fazit aus diesem Kapitel

Vor lauter Angst, dass wir uns politisch unkorrekt verhalten könnten, sprechen wir einige Wahrheiten einfach nicht aus. Das muss sich ändern. Wir brauchen zum Beispiel einen gesunden Selbstschutz, aber darf man denn das Wort »gesund« überhaupt benutzen? Schließlich ist es ja in der Nazi-Zeit – mit dem »gesunden Volksempfinden« – auch benutzt worden? Da sehen Sie schon, wie leicht man auf dünnes Eis gerät. So irre ist die Welt geworden. Demnächst muss man vielleicht die Arztpraxis verlassen, wenn der Arzt sagt: »Sie sind völlig gesund.« Uaaaaaah, »gesund«! Politisch unkorrekt! Also, neuer Versuch ohne Unterbrechung: Wir brauchen einen gesunden Selbstschutz, der uns zum Beispiel ermöglicht, einen aggressiven Bettler zum Teufel oder zumindest um die nächste Ecke zu jagen und einer lahmen Rentnerin klarzumachen, dass sie dem lieben Gott den Tag stiehlt. Wir brauchen diese gewisse lebens- und glückserhaltende Aggression, die nichts mit Aggressivität zu tun hat, die uns aber überlebensfähig macht. Wir müssen uns wieder die Fähigkeit antrainieren, ein Arschloch Arschloch zu nennen. Sonst machen wir uns, also die Guten, zu einer aussterbenden Spezies und überlassen den schlechten Menschen das Feld. *Die* werden bestimmt niemals aussterben, sondern sich stattdessen immer weiter vermehren! Das Leben ist Krieg. Wer nicht hingeht, wird plattgemacht.

Schicke Edel-Mütter sind so konform und uniform, das sie eigentlich tödlich langweilig sind. Sie fahren allesamt die gleichen Autos, sie haben ausnahmslos äußerst erfolgreiche Partner, sie sind durchweg total sozial engagiert und sie haben zu allen relevanten Themen vollkommen identische Meinungen. Von Kindererziehung verstehen sie allerdings nicht viel, aber das fällt nicht weiter auf: Die anderen Edel-Mütter verstehen ja auch nichts davon.

8. KAPITEL

Die absolut ätzenden Edel-Mütter und ihre schlechten Männer

☠

Alle sind so schrecklich austauschbar

In diesem Kapitel geht es um junge Mütter aus den feinen Vierteln. Man trifft sie auf den Spielplätzen in Hamburg-Eppendorf, in München-Grünwald oder in Potsdam bei Berlin. Wo man eben so wohnt, wenn man dazugehört und sich von Vernissagen kennt. Alle sehen aus wie Stephanie zu Guttenberg oder Bettina Wulff, und ihre eigenen Mütter ähneln Ursula von der Leyen.

Die jungen Edel-Mütter gehen zu demselben angesagten Friseur, kaufen in denselben Boutiquen und haben denselben angesagten Gynäkologen. Später werden sie dann alle denselben angesagten Schönheitschirurgen haben, denselben angesagten Psychiater und denselben angesagten Scheidungsanwalt, aber das wünschen wir ihnen natürlich nicht. Worum es geht, ist nur dies:

Schicke Edel-Mütter sind so konform und uniform, das sie eigentlich tödlich langweilig sind. Sie fahren allesamt die gleichen Autos, sie haben ausnahmslos äußerst erfolgreiche Partner, sie sind durchweg total sozial engagiert und sie haben zu allen relevanten Themen vollkommen identische Meinungen. Von Kindererziehung verstehen sie allerdings nicht viel, aber das fällt nicht weiter auf: Die anderen Edel-Mütter verstehen ja auch nichts davon.

Bei den Autos der Edel-Mütter handelt es sich in aller Regel um Möchtegern-Geländewagen, die man heute SUV nennt.[*] Zwar hat keine dieser noblen Frauen einen Jagdschein oder auch nur eine Kuhweide, für die man so ein Fahrzeug gut gebrauchen könnte. Außerdem wissen sie sowieso nicht, wo der Hebel fürs

---

[*] *Sport Utility Vehicles*

Sperrdifferenzial ist. Aber sie haben eine Prestige-Wohnung in den angesagten Vierteln der Stadt, und da fährt man nun mal so ein dickes Auto.

Der Spritverbrauch dieser Riesen-Kisten steht in diametralem Verhältnis zur politischen Einstellung der Fahrerinnen, die natürlich für Klimaschutz und gegen Kernkraft sind (bzw. zu sein vorgeben). Aber vorm Kindergarten parken sie – Warnblinker an – in zweiter Reihe mit einem Schlitten, der mindestens 18 Liter auf 100 Kilometer braucht.

Die schnöseligen Männer dieser jungen Damen sehen auch alle gleich aus. Sie haben meistens gegeltes Haar und vorzeigbare Berufe, über die sich nett bei einem Gläschen Champagner plaudern lässt. Kreatives wird immer gern genommen (Werber, Galeristen usw.), aber auch akademische Klempner wie Ärzte oder Architekten gelten als durchaus vorzeigbar.

Es ist schlichtweg undenkbar, dass eine dieser Edel-Mütter mit, sagen wir mal, einem Müllwerker verheiratet wäre. Stellen Sie sich das mal vor! Eine Edel-Mutter fragt den Mann von der anderen Edel-Mutter auf einem Empfang, wo lauter andere Edel-Menschen sind: »Und was machen *Sie* beruflich?«, und der antwortet: »Ich bin bei der Stadtreinigung!« Glauben Sie, dass der Dialog danach noch fortgesetzt wird?

Sie haben mehr Standesdünkel als im Mittelalter

Man sollte meinen, dass es in unserer aufgeklärten Zeit keinen Standesdünkel mehr gibt, aber das Gegenteil ist der Fall. Edel-Mütter bleiben unter sich. Sie pflegen keinerlei Kontakte zu Müttern aus niedrigeren sozialen Schichten. Sie definieren ihren eigenen Stellenwert so wie im Mittelalter über den gesellschaftlichen Status, in den sie (zumeist durch ihre Männer) gehoben wurden. Nichts hat sich geändert, seit Franz Josef Degenhardt (gestorben 2011) sein bekanntestes Lied sang: *Spiel nicht mit den Schmuddelkindern.**

Alles in der heilen Welt der Edel-Mütter muss schick, heil, en vogue und cool sein. Schwächen und Brüche werden von Edel-Müttern so wenig akzeptiert wie irgendwelche anderen Abweichungen von der gesellschaftlichen Norm. Sie geben sich zwar total tolerant – es gibt nach eigener Einschätzung kaum eine tolerantere Bevölkerungsgruppe als Edel-Mütter –, aber warten Sie mal ab, bis eine dieser Mütter einen Mann hat, der nach einem Schlaganfall im Rollstuhl sitzt oder blind ist. Oder ein Kind mit einer Behinderung hat. Die kann lange darauf warten, dass sie zu einer Party eingeladen wird. Da ist ganz schnell Schluss mit der Toleranz. Da wird ausgegrenzt und abgesondert, nur gibt das natürlich keine Edel-Mutter zu.

Oder eine Mutter aus dem Nobel-Kindergarten verliebt sich in einen Afrikaner, heiratet diesen und bringt ihn mit. Der arme Kerl spricht kein Deutsch und war bisher Ziegenhirte. No go! Edel-Mütter würden seine Ausgrenzung theoretisch für rassistisch halten, aber sie laden diese Ex-Edel-Mutter mit dem Schwarzen einfach nicht mehr ein.

---

* *Der 1931 geborene Jurist Degenhardt war die musikalische Stimme der 68er-Bewegung. Sein Album »Spiel nicht mit den Schmuddelkindern« nahm den Standesdünkel des Bildungsbürgertums auf die Schippe. Es erschien 1965 und machte ihn bundesweit bekannt.*

Das Wichtigste ist,
im feinen Viertel zu wohnen

Edel-Mütter mit Männern, die selbstständig sind, haben zur Zeit ein Problem. Viele Unternehmer, die in Zeiten der großen Internet-Luftblase sehr viel Geld verdient haben, stehen nämlich heute kurz vor der Insolvenz. Manch einer hat schon mehr Mitarbeiter entlassen, als noch bei ihm arbeiten. Ein anderer kann kaum noch die Miete oder die Raten für die noble Eigentumswohnung im Schicki-Viertel bezahlen.

Aber Edel-Mütter würden sich lieber ein Bein abhacken, als dieses Statussymbol aufzugeben. Es ist für sie schlichtweg undenkbar, in einem billigeren Viertel zu leben. Da mag der Gerichtsvollzieher ein und aus gehen: Sie ziehen trotzdem nicht um.

Das teure Auto verkaufen und auf ein kleines umsteigen: Okay, das kann man den anderen Müttern noch verkaufen. Parkplatznot, Klimaschutz usw. »Außerdem brauche ich das alles nicht mehr.« Cool ist das! Damit liegt man ganz weit vorn und die mit den dicken Autos schämen sich vielleicht sogar.

Wenn das Kind plötzlich nicht mehr in diesen und jenen teuren Kurs geht, lässt es sich auch plausibel verkaufen; da fällt jeder Mutter etwas ein. Mitgliedschaften im Tennis- oder Golfclub kündigen geht ebenfalls. »Man kommt doch sowieso viel zu selten dazu.« Beim Klamottenkauf sparen kann die Edel-Mutter auch, und sie darf es sogar laut sagen. »70 Euro, sag ich euch, keinen Cent mehr!«

Noch immer ist sie nicht als verarmt geoutet. Noch immer kann sie den schönen Schein wahren. Sie kann sogar bei Aldi und Lidl und Penny einkaufen. Jeder weiß doch, dass der Aldi-Champagner wirklich klasse ist, und dass man dort fast alles holt – das muss ja nicht jeder wissen.

All diese von purer Not diktierten neuen Lebensgewohnheiten werden gesellschaftlich akzeptiert und sind nicht schlimm. Aber sobald die Edel-Mutter das angesagte Nobel-Viertel wegen der hohen Mieten verlässt, ist sie raus. »Man« wohnt dort eben. Oder man gehört nicht mehr dazu.

In den feineren Kreisen unserer Großstädte gibt es ein Phänomen, das man als »Zwangsansiedlungsgesetz« bezeichnen könnte. Ein Mensch kann hässlich sein, vorbestraft, psychopathisch, egomanisch, depressiv, auch sonst unleidlich und ein wahrer Kotzbrocken, er darf auch gern aus dem Mund riechen und zotige Witze erzählen: All das wird ihm die feine Gesellschaft verzeihen, wenn er a) den richtigen Beruf hat und b) im richtigen Viertel wohnt. Dann – ja, dann kann er auch gern zum Aldi gehen.

Ein Patenkind in Afrika beruhigt das Gewissen so schön

Jede Edel-Mutter hat ein Patenkind in Afrika. Das ist doch nun mal wirklich eine gute Nachricht! Natürlich steht zu Hause ein gerahmtes Bild von dem süßen kleinen schwarzen Wesen auf der 2000 Euro teuren Vitrine, sodass es jeder Besucher als Erstes sieht. Gerade haben sie von dem Geld eine Schule und einen Brunnen gebaut, man schreibt einen Brief zu jedem Geburtstag und zu Weihnachten natürlich auch, und man bekommt eine Zeichnung von Kinderhand zurück.

Ja, es ist schön, wenn man ein Patenkind in Afrika hat. Das ist auch Anschauungsunterricht fürs eigene Kind, wenn es sich wieder einmal weigert, etwas anderes als die angesagten Markenklamotten zu tragen. Dann kann man davon erzählen, dass die Kinder in Afrika hungern und dass die froh wären, wenn sie überhaupt etwas zum Anziehen hätten.

Gegen diese pädagogische Keule ist das Kind dann machtlos und würde sogar Klamotten vom Billig-Discounter tragen, ohne zu murren. Das Patenkind kann man sogar absetzen. Am Ende des Jahres kommt nämlich eine Spendenbescheinigung, die man bei der Steuer einreicht. Die reinste Win-win-Situation ist das.

Wenn man nur nicht ständig den Eindruck hätte, dass diese Patenschaften für Edel-Mütter vor allem ein Statussymbol sind, so wie die Pseudo-Geländewagen, die Luxuswohnungen in den angesagten Vierteln und die schick gegelten Männer, mit denen sie sich umgeben. Was kommt denn noch besser an als eine Edel-Mutter mit einem Patenkind in Afrika?

Genau: Eine Edel-Mutter mit *zwei* Patenkindern in Afrika. Die ist raus aus der Debatte. Die muss sich keine Tuschelei mehr anhören, dass sie vielleicht das Geld nur so rauswirft und ihren Mann melkt. Die kann sich getrost einen Pulli für 700 Euro gönnen, denn sie hat ihr soziales Pflichtkontingent übererfüllt.

Edel-Mütter sind so furchtbar falsch. Sie begrüßen sich allesamt mit angedeuteten Küsschen, die gar nichts bedeuten. Sie checken mit kalten Ganzkörperblicken die gegenseitige Klamotte, sie flöten »gut schaust du aus« und denken »unsäglich geschmacklos« oder »mein Gott, ist die fett geworden«. Falsch sein und schlecht über andere denken, das ist eigentlich eine Sünde. Aber sie haben ja ihr angesagtes Patenkind in Afrika, und das macht so manche Sünde wieder wett.

Damit wir uns an dieser Stelle nicht falsch verstehen: Spenden sind gut und wichtig, sie lindern die Not und verhelfen Tausenden Kindern in Afrika zu echten ernst zu nehmenden Bildungschancen. Auch der Autor dieses Buches hat seit vielen Jahren Patenschaften. Hier wird also nicht über die Spendenbereitschaft an sich gemeckert, sondern nur über die schicken jungen Mütter mit ihren ewig gleichen ätzenden Gutmensch-Gesprächsthemen.

Je älter die Mütter,
desto ungezogener die Gören

Das Schlimmste aber ist, wie Edel-Mütter ihre eigene Bedeutungslosigkeit mit den künstlich hochgezüchteten Fähigkeiten ihrer Kinder kompensieren. »Waaass, deiner kann noch nicht bis 100 zählen?« ist noch eine relativ harmlose Bösartigkeit auf Spielplatz-Bänken, während sich die Dreijährigen gegenseitig die Schaufel über den Kopf ziehen.

Edel-Mütter trainieren ihre Kinder bereits im Windelalter so gnadenlos auf Erfolg, dass man heute eigentlich in jeder Kita einen Psychiater haben müsste: Da wächst eine Generation von total gestörten und hoffnungslos überforderten Vorzeigemaschinen heran. Chinesisch für Vierjährige, Musikkurs plus Klavierunterricht, kreatives Theaterspiel, Ballett, und spätestens mit 14 sollte der Sohn die Platzreife im Golfen haben. Es gibt Kinder im Vorschulalter, die haben einen volleren Terminkalender als ihre Väter!

Natürlich schickt man je nach Finanzlage die eigenen Kinder nicht auf eine normale Schule, sondern auf eine, wo die Ausländerquote durch die Kinder des thailändischen Generalkonsuls und der japanischen Seidenmalerin abgedeckt wird und nicht durch den Hartz-IV-Nachwuchs des russlanddeutschen Aussiedlers. Auch katholische Privatschulen werden gern genommen, denn dort herrschen noch Zucht und Ordnung. Die Kinder stehen auf, wenn die Lehrerin reinkommt, und rufen im Chor: »Guten Morgen, Schwester Agatha!« Solche Sitten finden Edel-Mütter toll und es ist ihnen total egal, welche religiöse Prägung das eigene Kind erfährt.

In einem merkwürdigen Gegensatz zur Sympathie, die Edel-Mütter für disziplinarisch konsequente Schulsysteme empfinden, steht ihre eigene Erziehungsunfähigkeit. Die Mütter trinken Latte mit laktosefreier Milch und hecheln gemeinsame Bekannte durch, während sich die lieben Kleinen hemmungslos mit Kuchen einschmieren, die Nachbartische daran teilhaben lassen oder sich beim Krabbeln die schmutzigen Händchen an fremder Leute Hosenbeinen abwischen. Man hat auch den Eindruck, dass die Ungezogenheit der Kinder mit dem Alter ihrer Mütter zu tun haben muss: Je später diese gebären, desto unerzogener sind ihre Gören.

Das Phänomen der Edel-Mütter mit ihren terroristisch veranlagten Kindern ist in vielen feinen Vierteln inzwischen so gravierend, dass immer mehr Wirte von Restaurants und Cafés keine Kinder mehr hereinlassen. Das ist natürlich keine schöne Entwicklung. Und wo sie noch reindürfen, da wehren sich die Menschen. »Könnten Sie Ihrem Kind sagen, dass es nicht unter meinem Tisch hindurchkrabbeln soll?« Man erntet dann einen bitterbösen Blick: »Komm zu mir, Finn-Lukas. Die Dame fühlt sich gestört.« Dann sagt man zu Finn-Lukas: »Ja, sei ein braves Kind, geh zur Oma«, und hat wenigstens noch die Genugtuung des letzten Wortes, denn der spätgebärenden Mama verschlägt diese Frechheit glatt den Atem. Aber der Latte schmeckt danach nicht mehr so gut, und man möchte lieber zahlen.

Es ist auch ganz furchtbar, dass diese mit Goldschmuck behängten Muttertiere ständig ihre unflätigen Bälger in aller Öffentlichkeit säugen müssen. Inzwischen ist diese Unsitte so verbreitet, dass sich kürzlich sogar die *taz* darüber aufgeregt hat. Und die *taz* steht nun wirklich nicht im Verdacht, etwas gegen Frauen zu haben. Die *taz* schreibt in einer Reportage, wie fürchterlich diese öffentlich zur Schau gestellte Melkerei doch sei und dass viele Gäste (vor allem auch Schwule) einfach nicht mehr in ihre Stammlokale gehen, weil sie diese demonstrativ ausgelebte Weiblichkeit schlechterdings zum Kotzen finden, und außerdem schmeckt ihnen angesichts von sabbernder Muttermilch die Torte nicht mehr. Recht haben sie! In jedem Café sollte ein Plakat an der Wand hängen, auf dem steht: »Erste Regel: Bitte säugen Sie Ihre Babys auf dem WC. Zweite Regel: Lassen Sie die Kinderwagen draußen. Dritte Regel: Ihr Krabbelkind sollte andere Gäste nicht belästigen. Vierte Regel: Wenn Sie etwas gegen die Regeln 1–3 haben, dann suchen Sie sich einfach ein anderes Café.«

Ihre Kinder haben noch nie ein deutliches »Nein« gehört

Es ist ja schön, dass die jungen Edel-Mütter nach den ausgiebigen Spielplatz-Tratschereien noch ein Gläschen trinken gehen und dabei natürlich ihre Gören mitnehmen. Man fragt sich zwar, ob die nicht arbeiten müssen (Sind sich nicht alle Politiker darin einig, dass mehr Frauen und gerade auch junge Mütter in Spitzen-Positionen gebracht werden müssen, und wenn es sein muss, sogar per Gesetz? Bis es so weit ist, sitzen sie hier rum und quatschen), aber wahrscheinlich haben sie irgendwie das Ende der Mutterschonzeit verpasst und sind eben hängen geblieben. Wie auch immer: Jetzt bestellen sie erst mal ein Gläschen Sekt. Die Kinder zerpflücken derweil die liebevolle Deko des Betriebes, rütteln an den lebensgroßen aufgestellten Figuren, reißen diese fast um und veranstalten auch sonst allerlei Schabernack, den man Kindern gemeinhin zu verbieten pflegt.

Nicht aber die Edel-Mütter. Ein klares »Nein« haben ihre Kinder noch nie gehört. Es sind ungezogene kleine Despoten, die nicht nur hier randalieren: Spätabends terrorisieren sie die Babysitterin, an der Supermarkt-Kasse werfen sie sich mit Schreikrämpfen auf den Boden, im Kindergarten fallen sie durch mangelnde soziale Kompetenz auf, später in der Schule werden sie die Lehrer zur Weißglut bringen, in der Pubertät werden sie fett und als Erwachsene werden sie sich ebenso zu Tode langweilen wie ihre Mütter heute.

Die Kinder können ja nichts dafür. Man möchte ihre Mütter durchschütteln und ihnen wegen erwiesener Unfähigkeit die Lizenz zum Erziehen wegnehmen. Die erklären jeden Scheiß so lange, bis das Kind eine psychische Macke hat. »Emil-Janek, du sollst doch Anna-Sophia nicht schlagen! Das tut Anna-Sophia doch weh!« Emil-Janek glotzt seine Mama an und haut Anna-Sophia schnell noch mal eine rein. »Aber Emil-Janek, was machst du denn? Schau mal, wenn Anna-Sophia das mit dir machen würde, das wäre dir doch auch nicht recht!« Anna-Sophia schreit inzwischen wie am Spieß, was nun ihre Mutter zum Einschreiten verleitet. »Aber Anna-Sophia, du musst doch nicht weinen! Das hat Emil-Janek bestimmt nicht so gemeint!« So geht das stundenlang hin und her. In der Generation unserer Enkel wird es die Ausnahme sein, wenn jemand *keine* psychische Macke hat.

Sie sind der Schrecken jeder Elternversammlung

Da hocken sie gut gestylt in Gucci und Lagerfeld auf den Zwergenstühlen im Kita- oder Klassenzimmer, haben sich gegenseitig mit lächerlichem Stolz die Kritzel-Krakel-Bilder an der Wand gezeigt, die ihre eigenen Gören fabriziert haben, tun so, als seien ihre Kinder allesamt kleine Picassos, und dann nerven sie die Kindergärtnerin oder die Lehrerin mit dämlichen Fragen und Vorschlägen ohne jede pädagogische Kompetenz.

Das Problem, ob man heute noch ohne schlechtes Gewissen den lieben Kleinen eine Bockwurst mit Kartoffelsalat als Mittagessen anbieten darf, kann gut und gern eine halbe Stunde hitzige Diskussion auslösen. Ob man ein Kind, das andere Kinder schlägt, zeitweise von der Spielrunde ausschließen darf, kann fast zum Augenauskratzen unter den Müttern führen. Hat das Kind in der Kita einen Bonbon gekriegt, wird die Kindergärtnerin dafür beinahe hingerichtet, jedenfalls aber wie eine Schwerverbrecherin verhört. Die jungen Edel-Mütter wissen nichts, aber alles besser. In der Elternversammlung machen sie auf dicke Welle, aber zu Hause versagen sie total.

Und dann sind da noch die Väter, also die Ehemänner der Edel-Mütter. Die sitzen meistens stumm dabei und sagen gar nichts. Das ist auch besser so. Dennoch gibt es in jeder Elternversammlung mindestens einen nervigen Ich-hab-zu-allem-eine-wichtige-Meinung-Vater, der sich bei jedem Thema zu Wort meldet, langwierige Vorträge hält, nur schwer zur Sache kommt und niemals vergisst, die eigene Person ganz nebenbei selbstverliebt in ein gutes Licht zu rücken.

Die schlechten Männer der Edel-Mütter

Bei manchen weiß man nicht so genau, wer nun eigentlich der Kerl in der Beziehung ist. Die Männer der Edel-Mütter tragen teilweise einen Zopf, oder sie ziehen sich total lächerlich an, oder sie tragen ihre Babys im Tragesack vor dem Bauch, oder sie sprechen so sanft wie Psychiater mit ihren hysterischen Nobel-Weibern, oder sie tragen Sandalen, oder sie schmücken sich mit einem lila Schal, und alle neigen sie zum endlosen Ausdiskutieren und sind dadurch der wahre Horror auf jeder

Elternversammlung. Was man in drei Minuten klären könnte (Frage, Antwort, kurze Debatte mit straffer Diskussionsführung, Ergebnis wird protokolliert), das dauert heute dank dieser bescheuerten Überväter gut und gerne pro Thema eine halbe Stunde, und es gibt sehr viele Themen auf so einer Elternversammlung. Sagen wir mal, 10 oder 20. Da können Sie sich vorstellen, wie lange das dauern wird. Sie können Ihren Babysitter schon mal bitten, das Gästebett zu nutzen. Denn dank der wichtigtuerischen Überväter wird das heute wieder sehr, sehr spät.

Männer tragen Strampler,
Frauen finden das gut

Absolut angesagt ist bei den jungen Vätern von heute ein Ganzkörper-Strampler mit Kapuze, den es zum Beispiel als »Jumpsuit« vom Label OnePiece gibt (circa 120 Euro). Es handelt sich dabei um eine Kombination aus Jogginghose und Kapuzenpulli, nur eben in einem Stück, das den ganzen Mann von Kopf bis Fuß einhüllt. Ein Strampelanzug eben. Und, das ist wichtig: Er sollte rosa sein.

In diesem bescheuerten rosa Anzug schlüpfen die jungen Väter, wenn sie dem harten, unmenschlichen Joch der Arbeitswelt entkommen sind und sich den Rest des Abends mit ihren lieben, wenn auch vollkommen unerzogenen Gören auf dem Wohnzimmerteppich wälzen möchten. Wie beknackt ist das denn?

Der Strampelanzug ist ein Symbol dafür, wie junge Männer heute ticken.[*] Leistungsdruck ist ihnen zuwider, Karriere interessiert sie nur bedingt. Sie sehnen sich nach ihrem Em-

---

[*] *Der Autor schrieb den Bestseller »Wie Männer ticken« und weiß, wovon er spricht.*

bryonalzustand und möchten bemuttert werden. Sie sind keine richtigen Männer, sondern unreife kleine Jungs, die sich vor dem Erwachsenwerden fürchten. Und genauso benehmen sie sich auch in ihren Beziehungen. »Männer, zieht den Strampler aus«, forderten denn auch zwei genervte *Stern*-Redakteurinnen im März 2012 in einem herrlich polemischen Artikel über die neue leistungsverweigernde Männergeneration, aber man muss annehmen, dass die Mehrheit der jungen Edel-Mütter mit den weichgespülten Luschen an ihrer Seite ganz einverstanden ist. So haben diese pädagogisch betreuungsbedürftigen Frauen wenigstens keinen Mann mehr an ihrer Seite, der mal auf den Tisch haut und ihnen zeigt, wos langgeht.

Die Schlaffi-Männer von heute in ihren Ganzkörper-Stramplern interessieren sich nicht so sehr für Karriere-Chancen, sondern mehr für Teilzeit und Sabbatjahre. Von einer »Generation Kuschel« spricht der *Stern* und hat damit recht. Es fragt sich nur, wo dann der Nachwuchs für die echten Führungsjobs herkommen soll. Da werden wohl doch die Frauen ran müssen. Ganz ohne Quote.

Das Fazit aus diesem Kapitel

Eigentlich kann man kein Fazit ziehen, denn wir, also die Guten, gehören ja nicht zu dieser Clique. Wir ärgern uns zwar manchmal über die ebenso schicken wie erziehungsunfähigen Edel-Mütter, aber im Grunde haben wir weiter nichts mit ihnen zu tun. Wenn sie uns aber von oben herab angucken und uns auf dem Spielplatz blöd anmachen, können wir durchaus aktiv werden. Wie wäre es mit »Halts Maul, du arrogante Trocken-Möse«? Das ist hart und sexistisch, aber wirksam und kommt vor allem aus einem Frauenmund sehr gut rüber. Es sorgt zumindest für eine gewisse Sprachlosigkeit auf der Gegenseite. Hauen sich die Kinder auf dem Spielplatz, kann man einfach grinsend sitzen bleiben und zugucken, wie das eigene Kind dem verzogenen Gör von der Super-Super-Mama fleißig und unerbittlich mit der Schaufel Sand über die Birne kippt. Man muss ja nicht immer sofort aufspringen und dazwischengehen. Auf Elternversammlungen könnte man sich mutig zu Wort melden und die Edel-Mütter bitten, ihre dramatischen Einzelschicksale doch bitte unter vier Augen zu klären und den Laden nicht länger mit unwichtigem Geschwätz aufzuhalten. Man kann sich angesichts von dauersäugenden Müttern im Café auch durchaus mal an den Kellner wenden und ihm mitteilen, dass er sich entscheiden muss: entweder gut zahlende Kunden oder diese vornehmen Brutmaschinen mit ihrer Lust an der Zurschaustellung. Und es ist wirklich niemand, niemand von uns verpflichtet, Gören mit schlechten Manieren grabbelnd am Hosenbein zu ertragen. Ein kurzer versehentlicher Tritt, der nicht wehtut, und ein hingebelltes »Geh zurück zu deiner Oma« wirkt manchmal Wunder!

Was lassen wir Fernsehzuschauer eigentlich noch mit uns machen? Schlechte Synchronisation, gekünstelte Dialoge, an den Haaren herbeigezogene Geschichten, realitätsferne Polizeiarbeit, dilettantisch hineingestrickte Lovestorys, gekünstelter Humor und ein ebenso vorherseh- wie verzichtbares Ende: Dieser schlechte TV-Mix, noch dreimal von ebenso schlechter Werbung unterbrochen, macht gefühlte zwei Drittel des Abendprogramms auf den Privatsendern aus.

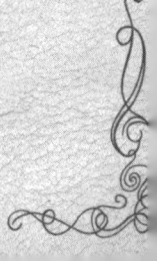

9. KAPITEL

Das Fernsehprogramm wird auch immer schlechter

☠

Alle Krimis sind gleich gestrickt

Was lassen wir Fernsehzuschauer eigentlich noch mit uns machen? Schlechte Synchronisation, gekünstelte Dialoge, an den Haaren herbeigezogene Geschichten, realitätsferne Polizeiarbeit, dilettantisch hineingestrickte Lovestorys, gekünstelter Humor und ein ebenso vorherseh- wie verzichtbares Ende: Dieser schlechte TV-Mix, noch dreimal von ebenso schlechter Werbung unterbrochen, macht gefühlte zwei Drittel des Abendprogramms auf den Privatsendern aus.

Und es ist ganz egal, was wir einschalten: *Navy CIS, CSI: NY, CSI: Miami, CSI – Den Tätern auf der Spur, Cold Case – Kein Opfer ist je vergessen* oder auch *Without a Trace – Spurlos verschwunden* – hier ist die Intelligenz spurlos verschwunden. Und es geht weiter: *Law & Order. Bones. Justified. The Mentalist. Hawaii Five-0. Criminal Minds. Criminal Intent. Castle. The Closer. Body of Proof. Rizzoli & Isles. Crossing Jordan*, und wie sie alle heißen, diese grottenschlechten Serien: Warum schalten wir nicht einfach ab?

Stattdessen hat fast jeder eine dieser austauschbaren Zumutungen so lieb, dass er am liebsten keine Folge verpassen möchte. Der Grund ist, dass wir unsere »Lieblingsserie« für das kleinste aller Übel halten und die anderen Serien noch viel schlechter sind. Würden wir den schlechten Einkäufern dieser schlechten Krimis durch Betätigen des Aus-Knopfes signalisieren, dass wir Besseres verdient haben, dann würden die Einschaltquoten dieses Serienmülls absacken wie bei Gottschalks Vorabend-Show, die uns im ersten Halbjahr 2012 die Zeit stehlen durfte. Wir schalten aber nicht ab, sondern wir ziehen uns die nächste Folge wieder rein. Irgendwie hofft man ja auch, dass es mal etwas besser wird. Und jedes Mal wird man wieder enttäuscht.

Den *Tatort* mag man auch nicht mehr gucken. Vom spannend inszenierten Straßenfeger mit brillanten Schauspielern und gekonnt aufgemachten Storys hat er sich zur Spielwiese durchgeknallter Drehbuchautoren verschlechtert, die nicht mehr für die Zuschauer, sondern für ihre ebenso durchgeknallten Kollegen schreiben. Wer ist nur auf die Idee gekommen, dass uns, also das Publikum, das Privatleben der Kommissare interessiert? Die eine ist lesbisch (was ja ihr gutes Recht ist, aber was interessiert uns das?). Der andere kommt mit seiner Frau nicht zurecht. Der Dritte hat Stress mit seinem Kind, und der Vierte trinkt zu viel. Mit der »Vermenschlichung« der Kommissare hat tatsächlich der Abstieg des *Tatort* zum Krimi zweiter Klasse begonnen. Diese verhängnisvolle Entwicklung begann mit dem Erfolg von Schimanski*, der pöbelte und fluchte und soff und uns schon frühzeitig seine aufmüpfige französische Freundin vorstellte. Was bei »Schimi« aber noch witzig und immer nur ein Nebenkriegsschauplatz war, das beherrscht heute die ganze Story und lässt die eigentliche Ermittlerarbeit in den Hintergrund treten. Der *Tatort* ist tot. Den kann man auch nicht mehr gucken.

Immer mehr Talkshows, aber keiner fragt richtig nach

Die deutsche Talkshow hat ein Riesenproblem. Ganz anders als in Amerika, wo die Moderatoren frech, dreist, politisch unkorrekt und penetrant sind, haben wir nur liebe nette

---

* *Mit Götz George in der legendären M65-Feldjacke, erste Folge am 28. Juni 1981. »Schimi« machte das Wort »Scheiße« salonfähig und läutete die Ära des »menschlichen« Kommissars ein, was vor ihm nur Zollfahnder Kressin versucht hatte.*

Menschen vor den Kameras, die kaum in der Lage sind, einen schwadronierenden Studiogast zu unterbrechen, und die, wenn überhaupt, immer nur ein einziges Mal nachfragen, und zwar so freundlich und nett, dass man gleich abschalten möchte.

Beckmann ist ein »Nettmann«, *Hart aber fair* ist zwar sehr fair, aber keinesfalls hart. Anne Will ist »Anne Still«, denn sie hat einen Riesenrespekt vor ihren Gästen (was für jede Talkshow tödlich ist). Maybritt Illner versucht, es besser zu machen, kann sich aber auch nicht durchsetzen, und auch bei ihr darf jeder daherquatschen, was er will. Günther Jauch kann man, ehrlich gesagt, nicht mehr sehen: Dieser liebenswerte, stets freundliche Gutmensch ist sollte meiner Meinung nach auf Frührente gehen. Gottschalk ohne seine Wetten ist nur noch ein Dampfplauderer mit lächerlichen Jacketts. Kerner ist irgendwie in der Versenkung verschwunden, was kein Verlust für die Talkshow-Landschaft ist. Markus Lanz ist vielleicht noch der Beste von allen, aber auch er ist viel zu glatt, viel zu sehr Schwiegersohn und keinesfalls ein Beißer. An Beißern fehlts in den Talkshows.

Unsere Politiker sind den Talkmastern weit überlegen. Jeder Polit-Profi steckt die Moderatoren in die Tasche. Es gilt, erstens: möglichst lange zu reden, sich also nicht unterbrechen zu lassen. Zweitens: unangenehme Fragen zu ignorieren und in der Antwort einfach das Thema zu wechseln. Drittens geht es darum, den ebenfalls eingeladenen politischen Gegner im Reden zu übertreffen. »Wenn ich den Satz noch eben zu Ende ...« und »Ich habe Sie auch ausreden lassen ...« sind die Standardwerkzeuge, die jeder Politiker mitbringt. Die Talkmaster sitzen hilflos daneben und versuchen, um jeden Preis höflich zu bleiben.

Man möchte sie schütteln und an ihren Job erinnern: Seid doch mal frech! Standhaft! Brutal, wenn es sein muss! Man kann einem Gast ein und dieselbe Frage auch fünfmal stellen, bis er sie endlich beantwortet. Man kann Studiogäste zum

Ergötzen des Zuschauers in den Wahnsinn treiben und dafür sorgen, dass die Einschaltquote während einer Talkshow steigt und steigt. Man kann frech fragen und auf direkten Antworten bestehen. Aber unsere Talkmaster sind allesamt weichgespült und sollten lieber harmlose Kochshows moderieren. Wir Zuschauer haben jedenfalls die Nase voll von diesem harmlosen Geschwätz.

Die »Tagesschau« ist total langweilig

Dass sie angeblich immer noch die beliebteste Nachrichtensendung ist, kann eigentlich gar nicht stimmen. Wo werden diese Zahlen denn erhoben? Wahrscheinlich in einem Altenheim, wo lauter demente Mumien vorm Fernseher sitzen und die *Tagesschau* zum Pflichtprogramm gehört wie das Mittagessen um zwölf und die Bettruhe um zehn. Kein vernetzter Mensch auf der Höhe des Informationsflusses braucht die *Tagesschau*. Diese heruntergeleierte Ableserei von dem, was die Öffentlich-Rechtlichen für berichtenswert halten, gehört längst ins Fernseh-Museum. So richtig hat sie sich ja auch nicht verändert seit 1952, als sie das erste Mal ausgestrahlt wurde und damals um die 1000 Zuschauer hatte. Heute gibt es einen neuen Studio-Tisch, die Kulisse ist etwas anders, sie wird ja nun erstaunlicherweise sogar schon in Farbe gesendet und bringt zwischendurch einige kleine Filmchen. Aber im Grunde ist sie doch immer noch »die gute alte Tante *Tagesschau*«.

Diese Sendung kann so schlecht gemacht sein, wie es nur geht: Sie wird immer geguckt. Da fällt einem Ex-RTL-Chef Helmut Thoma ein, der einmal sagte: » Die *Tagesschau* ist keine Sendung, sondern pure Gewohnheit. Die kann man auch in

Latein verlesen.« Das wäre doch mal was! Die *Tagesschau* auf Lateinisch: Die Mumien vorm Fernseher würden es wahrscheinlich noch nicht einmal merken. Aber es ist kein Wunder, dass sich die meisten jungen Leute überhaupt nicht für Politik interessieren, wenn die wichtigste Nachrichtensendung im deutschen Fernsehen derart stinklangweilig ist und staatstragend nur die aktuellen Ereignisse aus dem ebenso öden Politikbetrieb herunterleiert.

Bitte weniger Bohlen, Ferres und Co.!

Für jeden von uns gilt: Irgendwann reicht es, und du solltest abtreten. Dieter Bohlen möchte man schon lange zurufen: Geh nach Hause, alter Mann! Bevor du uns den letzten Nerv tötest, bleib lieber in Tötensen. Der hingegen glaubt offensichtlich, dass er noch mit 70 junge Talente erkennt. Er hört garantiert erst auf, wenn sie ihn waagerecht aus dem Studio tragen müssen! Vielleicht verschluckt ein *DSDS*-Kandidat ja mal ein Mikro und erstickt daran? Bohlen könnte daraufhin so erschüttert sein wie Gottschalk, als ihm ein Wettkandidat vor die Füße geknallt ist, und daraufhin aussteigen, weil er mit dieser Last nicht mehr weitermachen mag. Aber es wird wohl kein *DSDS*-Kandidat freiwillig am Mikro ersticken, nur damit wir den Dieter loswerden.

Es gibt noch mehr Nasen im Fernsehen, die wir uns reichlich übergesehen haben und deshalb künftig gern übersehen würden. Harald Schmidts Visage kann der Autor schon lange nicht mehr sehen. Zum Glück muss man eine Weile im Programmheft blättern, bis man ihn entdeckt und daraufhin etwas anderes einschaltet. Früher war er mal lustig, aber jetzt ist er nur noch peinlich. Schaut man aber doch mal rein, sollte man spätestens dann umschalten, wenn er seinen ersten Gast empfängt: Die besten Gags verbrät Schmidt nämlich immer am Anfang, und dann macht er nur noch Werbung für einen Film oder irgendwas anderes. Verlorene Sendezeit: Da kann man besser ins Bett gehen.

Die großen Stars kriegen den Hals nicht voll. Sie nehmen anscheinend jeden Auftrag an. Die Folge ist, dass man sie fast täglich auf dem Bildschirm hat. Und das ist langweilig. Veronica Ferres ist übrigens auch so eine Type, die sich gern ein bisschen rarmachen dürfte. Zwar ist sie keine schlechte Schauspielerin, bestimmt nicht. Aber sie ist einfach überpräsent. Kein roter Teppich, auf dem sie nicht mit ihrem Maschmeyer dahinschwebt, keine Betroffenheitsrolle, die ihr nicht angedient wird, und gefühlt war sie gestern Mutter Teresa, ist morgen eine Trümmerfrau, kämpft übermorgen gegen die Stasi, nächste Woche gegen die Nazis, dann holt sie ein entführtes Kind aus Marokko zurück und danach muss sie schnell mal einen prügelnden Mann in die Schranken weisen, bevor sie als Jeanne d'Arc gegen die Schurken anreitet, und wenn sie nicht gestorben ist, dann kämpft sie nächstes Jahr immer noch gegen das Böse.

Veronica Ferres gucken ist wie jeden Tag drei Stück Sahnetorte essen. Irgendwann verspürt man bei diesem Gesicht das Gefühl, man habe den Film schon einmal gesehen. Man guckt inzwischen kaum noch einen Film *wegen* der Ferres, sondern allenfalls *trotz* der Ferres. Und dann ist da ja noch ihr Spätverlobter, bei Erscheinen dieses Buches womöglich schon ihr Ehegemahl, Herr Ex-Finanzvermittler Carsten Maschmeyer.

Hm. Maschmeyer und die Ferres. Das ist ja mal ein schönes Paar! Und wie gut die miteinander harmonieren! Es muss wirklich wahre Liebe sein und hat mit Maschmeyers Kohle nix zu tun.

Nein, wirklich nicht. Altkanzler Gerhard Schröder findet Maschmeyer ja ebenfalls so herzlich sympathisch, dass er allein aus diesem Grund mit ihm Tischfußball spielt. Dass Maschmeyer ein Goldesel ist, wenn auch ein ziemlich umstrittener, hat Schröder wahrscheinlich gar nicht gewusst!

Christian Wulff fand Maschmeyer auch total nett. Vielleicht hat er ihn in einer Kneipe in Großburgwedel kennengelernt und ihn gleich seiner Bettina vorgestellt, die dann gesagt haben könnte: »Christian, da hast du aber einen prima Kumpel, mit dem darfst du gern mal saufen gehen!« Dass Maschmeyer schon damals so viele Millionen vom sauer ersparten Geld kleiner Leute gescheffelt hatte, dass man damit vermutlich halb Griechenland retten könnte, das konnte Wulff ja nicht ahnen. Und von Maschmeyers Villen hat er sowieso immer nur die Partykeller kennengelernt. Wahrscheinlich dachte Christian Wulff, dass Maschmeyer von Beruf Maurer ist oder Taxe fährt. Mittlerweile weiß er es ja besser.

Die schlechten Reality-Shows
sind doch alle getürkt

Oder glauben Sie vielleicht, dass da wirklich ein Restaurant vorm Bankrott bewahrt wird? Dass überschuldete Kleinbürger einen Ausweg aus der Krise finden? Dass ein Messie, was ja eine schwere psychische Störung bedeutet, endlich wieder eine aufgeräumte Bude hat und seine Vermüllung ehrlich bereut? Dass die Tochter ihren seit Jahrzehnten verschollenen Vater wiederfindet? Dass eine kaputte Beziehung via Fernsehen gerettet wird, und alles ist wieder gut?

Alle diese Sendungen leben von der grenzenlosen Dummheit des Fernsehzuschauers, der so brutal über den Tisch gezogen wird wie ein armer Rentner auf Kaffeefahrt. Da gibt es überhaupt keinen Unterschied. Es gibt einen Etat für die Sendung, der durch Werbeeinnahmen wieder hereinkommen muss. Werbeeinnahmen gibt es nur mit einer hohen Einschaltquote. Also muss die Quote stimmen. Der Etat bleibt erst mal gleich.

Der Sender schickt nun einen Regisseur, der mit diesem Etat klarkommen muss. Das heißt: Einen Flop kann er sich überhaupt nicht leisten. Glaubten Sie bisher wirklich, dass da jemand rund um die Welt fliegt, um jemanden Vermisstes zu finden – ohne genau zu wissen, dass er ihn auch finden wird? Oder glauben Sie, dass eine x-beliebige Wohnung gefilmt wird, die schick gemacht werden soll und sich dann hinterher vielleicht als gar nicht so katastrophal erweist, wie es publikumswirksam wäre?

Das ist alles vorher abgecheckt, das ist alles Kino, alles Bluff, alles getürkt. Wenn da jemand klingelt und sagt: »Hallo, uns hat Ihre Tante geschickt, und wir sollen Sie mal richtig schick umstylen, mit neuen Klamotten und neuer Frisur und so«, dann können Sie davon ausgehen: Die haben sich vorher jemanden ausgeguckt, der total scheiße aussieht und wo sie mit wenig Geld viele schöne Bilder bekommen.

Es stand schon so oft in der Zeitung, aber man kann es trotzdem nicht oft genug wiederholen: Der ganze Reality-Müll auf den Privatsendern ist ein einziger Betrug am Zuschauer. Das ist alles abgekartet und vorher festgelegt. Da dieses aber *Das kleine Buch der schlechten Menschen* ist, muss man jetzt auch einmal ganz ehrlich sagen: Die wahrhaft schlechten Menschen sitzen nicht bei RTL und den anderen privaten TV-Müllsendern, sondern die Schlechten sind die Deppen, die so einen Müll einschalten und dadurch gute Quoten erzeugen, die wiederum immer neuen TV-Müll zur Folge haben. *Sie* gehören zu den schlechten Menschen, weil *Sie* auch schon mal so was geguckt haben.

☠

Das Schlimmste sind diese Gerichts-Serien

Es ist nicht vorstellbar, dass es sich bei den Darstellern der Gerichtsserien um Schauspieler handelt. So dämlich und hirnverbrannt kann kein Mensch, der jemals eine Schauspielschule auch nur von außen gesehen hat, einen Text vor der Kamera sprechen. Jeder von uns wäre glaubwürdiger.

Es muss sich also um Laiendarsteller und Statisten handeln, die von der Straße weggecastet und mal eben ins Studio geschleift werden, wo sie für einen Mindeststundenlohn einen Text ablesen müssen, den man ihnen auf einer großen Tafel vor die Nase hält. Zum Auswendiglernen wären diese debilen Deppen ohnehin zu dämlich. Da sieht man junge Menschen aus eindeutig prekärem Milieu, die in einer kaspertheaterreifen Gerichtssaal-Kulisse als Angeklagte, Zeugen oder Publikum vor sich hin dilettieren und deren Auftritt vor einer laufenden Kamera ganz zweifellos den Tatbestand der Körperverletzung und Beleidigung erfüllt. Sie glotzen dumpf, sie kreischen entsetzlich, sie können nicht sprechen, es hat ihnen auch niemals jemand etwas Kluges beigebracht, sie sind die Kretins der deutschen TV-Unterhaltung. Wie peinlich sind diese Kreaturen? Wofür geben sie sich her? Und wie unangenehm ist die Vorstellung, dass Menschen mit einem Hauch von Verstand auch nur ein einziges Mal beim Bügeln diesen Fernsehschrott einschalten? Der Autor rät zum Boykott. Nur mit schlechten Einschaltquoten ist diese militante Zuschauerverarschung zu stoppen.

Daily Soaps sind ebenso blöd

Zu einer erfolgreichen Daily Soap gehören laienhafte Schauspieler, gekünstelte Dialoge, eine ebenso durchsichtige wie unglaubwürdige Handlung und eine ganze Reihe von vollkommen praxisfernen zwischenmenschlichen Problemen, die von möglichst weit weg an den Haaren herbeigezogen sein sollten. Täuscht der Eindruck, oder ist es wirklich so: Je dämlicher die Serie, desto höher ist die Einschaltquote? Dann gibt es keine Hoffnung. Da »nur die Quote zählt«, wird es am Vorabend nie wieder »Gute Zeiten«, sondern nur noch »Schlechte Zeiten« geben.

Bedenklich ist jedoch, dass selbst Menschen, denen man ein gewisses intellektuelles Niveau zutrauen würde, sich als höchst anfällig für das Virus des TV-Flachsinns erweisen. Nicht jede Oberstudienrätin wird es zugeben, aber die heimliche Leidenschaft für irgendeinen Liebesquatsch vor Alpen-, Ostsee- oder Hotelkulisse schlummert auch in ihr. Mit wem mag sie sich wohl identifizieren, wer wäre sie gern, welche Rolle schlummert in ihr, welches süß-bittere Geheimnis trägt sie mit sich herum?

Ist sie die falsche Schlange, die über Leichen geht? Erkennt sie sich wieder im hübschen Dummchen, das stets an die falschen Männer gerät? Wird ihr heiß beim eiskalten Macher, der Mitarbeiter entsorgt wie Plastikmüll in die Gelbe Tonne? Oder schwärmt sie für den in Ehren ergrauten Hotelportier, der alles sieht und leider nichts ändern kann?

Unsere intellektuell anspruchsvolle Oberstudienrätin mit dem Theater-Abonnement und dem feinsinnigen Freundeskreis hat eine verflucht dunkle Seite, und sie würde sich lieber die Arme abhacken, als darüber zu sprechen: Sie schwärmt für eine Daily Soap und kann jede der inzwischen 34.624 Folgen rückwärts mitsprechen.

Früher war alles irgendwie klarer aufgeteilt: Leute mit wenig in der Birne lasen ihre Groschenromane und Leute mit viel in der Birne lasen stattdessen ein gutes Buch. Heute gucken alle denselben Mist. Ob das gut ist?

Es gibt da ein Problem. Nicht nur die Zuschauer verändern die Soaps (indem sie entweder einschalten oder nicht, woraufhin die einen Soaps bleiben und die anderen eingestampft werden), sondern die Soaps verändern auch die Zuschauer. Unsere Oberstudienrätin, um bei dem Beispiel zu bleiben, wird von den Tussen in ihrer Lieblings-Soap zum Nachahmen animiert. Die Pädagogin merkt davon gar nichts. Das läuft auf der Ebene des Unterbewussten ab. Sie möchte genauso sein wie ihre Heldin in der Soap. Und sie benimmt sich ebenso. Während früher die Vorbilder der etwas anspruchsvolleren Bevölkerungsschicht aus den »guten« Büchern kamen und von denen noch die einen oder anderen fürs Leben hilfreichen Werte vermittelt bekamen, dienen heute von Marktforschung und Quotenerfolg abhängige und entsprechend durchgestylte und künstlich geformte Kunstfiguren als Trendsetter und Opinion Leader. Unsere Oberstudienrätin tanzt ums Goldene Kalb der Privatsender, weil sie auch gern wäre wie ihre TV-Prinzessin.

Alles verkommt. Alles wird immer schlechter.

Wir Zuschauer sind selbst schuld

Da geht jemand jeden Tag zum selben Discounter und beklagt sich bitterlich, dass er niemals bedient wird und sich alles selbst raussuchen muss. Weil er aber immer wieder hingeht, wird auch kein Verkäufer eingestellt. Der Laden läuft ja auch so.

Da gucken wir jeden Tag denselben Mist und beklagen uns bitterlich, dass das Fernsehprogramm so schlecht ist. Weil wir aber trotzdem einschalten, wird das Fernsehprogramm niemals besser, sondern immer noch billiger und schlechter. Der Laden läuft ja auch so.

Meedia.de, ein Branchendienst für Journalisten, veröffentlicht jeden Morgen die Einschaltquoten des vorigen Abends. Daran kann man tagtäglich deutlich erkennen, wie blöd Deutschland ist. Genannt werden die Top 20, abgestuft nach absoluten Einschaltquoten, nach Prozentzahl der eingeschalteten Fernsehgeräte und nach dem prozentualen Anteil in der sogenannten werberelevanten Zielgruppe. Wir wollen nun gar nicht darüber diskutieren, was eine »anspruchsvolle« Sendung ist und was nicht. Tatsache ist, dass die meistgeguckte Nachrichtensendung selten einmal unter den ersten 15 auftaucht. Meistens steht sie auf Platz 20. Wenn überhaupt. Dabei sollte man doch glauben, dass jeder Mensch, der sich am Stammtisch eine eigene politische Meinung leistet, wenigstens einmal am Tag eine einigermaßen ernst zu nehmende Nachrichtensendung guckt. Null! Gar nicht! Was in der Politik hierzulande und in der Welt passiert, interessiert die Leute gar nicht! *DSDS*, *Germany's Next Topmodel*, *Popstars*, *Tatort* und irgendwelcher Action-Mist halten regelmäßig die Spitzenpositionen. Es ist morgens auf Meedia.de nicht erkennbar, dass der deutsche Durchschnittsbürger ein auch noch so geringes Interesse an politischer Sachkenntnis entwickelt. Er ignoriert die Nachrichtenlage einfach. Sie geht ihm schlichtweg am Arsch vorbei.

Interessant ist auch, dass die sogenannten »Boulevard-Nachrichten« wie die von SAT.1 oder RTL, wo um der Quote willen zur Not auch ein Verkehrsunfall die Top-Nachricht des Tages sein kann, allemal die klassischen Nachrichtensendungen wie *heute* oder *Tagesschau* abhängen. Auch daraus kann man schließen, dass sich eigentlich kein Mensch mehr für politische Nachrichten interessiert. Ein anderes Thema ist, warum die *Tagesschau* eigentlich so grottig langweilig ist, dass sie gar niemand mehr gucken will: Das liegt wohl daran, dass die Programmmacher bei den Öffentlich-Rechtlichen auf einem sehr hohen Ross sitzen und sowieso nur hochmütig aufs dumme Volk herabschauen. Aber das ist, wie gesagt, ein anderes Thema, und wir haben es ja auch schon behandelt.

Politisches Kabarett verkommt zur Klamotte

Kabarett war früher eine hohe Kunst. Es war Spott mit dem Florett. Die Älteren unter uns erinnern sich noch an die Berliner Insulaner (»Der Insulaner kennt keen Jetue nich ...«). Das hatte Klasse, das hatte Niveau! Heute ist Kabarett (bzw. was sich dafür hält) eine Flachnummer, trivial und nicht halb so kreativ wie die Papp-Figuren auf einem Kölner Rosenmontagszug. Und die sind wirklich fast alle grottenschlecht.

Es ist so billig und einfach, Witze auf Kosten der Hängebacken unserer Kanzlerin zu machen. Es ist so schlecht und trivial, sich über die sexuelle Ausrichtung eines Bundesministers zu amüsieren. Sie machen es trotzdem. Der Grund ist: Den Kabarettisten und denen, die sich dafür halten, geht langsam der Stoff aus. Politik ist nämlich stinklangweilig geworden. Keiner interessiert sich mehr so richtig dafür. CDU und SPD sind kaum noch voneinander zu unterscheiden. Die FDP krebst vor sich hin. Die Linken will keiner. Die Piraten haben keine Ahnung, aber davon haben sie viel, und deswegen kriegen sie bis zu acht Prozent. Das sagt viel über die politische Befindlichkeit des Volkes aus. Worüber soll man sich angesichts dieser Tristesse noch lustig machen? Man möchte heute kein Kabarettist mehr sein. Es ist wahrscheinlich ein aussterbender Beruf.

Das Fazit aus diesem Kapitel

Abschalten! Es ist so einfach. Nirgendwo hat der Verbraucher, also in diesem Fall der Zuschauer, so viel Macht wie im Fernsehen. Denn dort entscheidet ausschließlich die Quote. Wenn die in den Keller geht, gibt es kein Werbegeld mehr und der Müll wird abgesetzt. Es ist höchste Zeit für eine Revolutionierung unseres Fernsehverhaltens. Wir müssen denen mal zeigen, dass wir nicht total blöd sind. TV-Verweigerung wäre auch gut fürs Familienleben, denn man würde wieder einmal »Mensch ärgere Dich nicht« oder Halma spielen. Oder einfach miteinander reden. Nicht alle zwei Jahre einen immer noch größeren Flachbildschirm kaufen, sondern öfter mal auf die Aus-Taste drücken wäre schon mal ein Riesenschritt zur Verbesserung des Fernsehprogramms! Dann haben wir noch die Möglichkeit des Protestes per Post oder Mail, aber die wird wahrscheinlich nicht einmal gelesen. Erfolgversprechender ist es, im Bekanntenkreis das Thema immer wieder anzusprechen: Wie lange wollen wir uns eigentlich noch verklapsen lassen? Guckt ihr wirklich noch fern, außer ein paar Reportagen und wirklich guten Hintergrundgeschichten? Fernsehen muss aus unseren, also aus den guten Kreisen heraus und in den Bereich des prekären Milieus verbannt werden, wo die TV-Schüsseln den größten Platz auf dem Hartz-IV-Balkon beanspruchen und nicht mal mehr ein Kleinkind daneben Platz hat, um seine Barbiepuppe anzukleiden. Wir, also die Guten, die Leistungsträger und die Menschen mit Geschmack, sollten uns vom Fernsehen als Berieselungs-Medium verabschieden. Es ist das Medium von gestern.

Wo sich gepiercte Menschen was piek sen lassen, das ist ihre Sache und wir wollen es auch gar nicht wissen. Piercings im Gesicht aber zwingen uns, sie zur Kenntnis zu nehmen, und das ist vorsätzliche Körperverletzung durch öffentliches Zurschaustellen des eigenen schlechten Geschmacks. Wieso sollten wir mit jemandem sprechen oder gar uns von jemandem bedienen lassen, der ein Loch zu viel in der Nase hat und sich einen falschen Glitzerstein hineinsteckt? Wes Geistes Kind ist eine Frau mit einer Billig-Perle über der Augenbraue? Daumen runter!

10. KAPITEL

Zwischenruf!
Was uns sonst noch
tierisch nervt

Schlechte Brötchen

Ist es so schwer, anständige Brötchen zu backen? In den meisten Bäckerei-Ketten bekommt man nur noch pappige Fabrikware, die nach nichts schmeckt. Richtige Bäcker gibt es kaum noch. Unwissende Verkäuferinnen mit hohlem Blick schaufeln uns das Frühstück in die Tüte und wenden sich gleichgültig dem nächsten Kunden zu. Geht man mal auf eine Gastro-Fachmesse wie zum Beispiel auf die »Internorga« in Hamburg, so findet man dort lauter Backstraßen, wo die Brötchen allesamt ebenso schnell wie schlecht vom Fließband ploppen. Die Bäcker, deren Großväter noch selbst gebacken haben, stehen staunend davor und rechnen im Kopf die Zinsen für die Kredite aus. Dabei wollen wir Brötchenesser gar keine Backstraßen. Wir wollen unseren guten alten Bäcker wiederhaben. Daumen runter!

Aufkleber auf Autos

Es gibt viele Möglichkeiten, sich lächerlich zu machen. Aufkleber ans Heck pappen ist eine davon. Welchen Spießer-Freizeitpark jemand bevorzugt, ob er schon mal auf Sylt gewesen und dass er bekennender Christ ist, interessiert den Hintermann überhaupt nicht. Was interessiert, ist dies: Leute mit Aufklebern am Auto, vor allem die mit dem christlichen Fisch-Symbol, kommen bei Grün einfach nicht in die Hufe. Ähnlich schlimm sind die Umwelt-Bekenner. Kein Atomkraftwerk hier, kein Endlager da, bitte keine CO_2-Lagerung in unserer Region blablabla. Je mehr Aufkleber hinten drauf, desto schlechter fahren sie. Es gibt dann noch diese Kapeiken mit den Riesen-Aufklebern irgendeiner Rockband, heckscheibenfüllend schreien uns die »Tote Hosen« an, was soll der Müll? Oder was interessiert uns, welchen Fußballverein der Vordermann bevorzugt und in welchem Jahr er Abi gemacht hat? Am schlimmsten sind aber die »Ich bremse auch für Tiere«-Typen oder die mit den Modenamen ihrer Gören: »Sven-Lukas an Bord«. Das ist nun wirklich vollkommen egal, wer da im Kindersitz vor sich hin greint. Wir wollen keine Informationen über irgendjemanden, um die wir niemals gebeten haben. Wir werden auch so von viel zu vielen Informationen überflutet. Deshalb: Abkratzen! Und weil das zu mühsam wäre: Daumen runter!

Der Euro

Da können die uns so viel vom »statistischen Warenkorb« erzählen, wie sie wollen. Der Euro hat unsere Kosten glatt verdoppelt. Nur unsere Gehälter sind gleich geblieben. Der Denkfehler besteht darin: Die Statistiker nehmen alles mit hinein in ihre tolle Warenkorb-Statistik, wofür man bezahlt und was tatsächlich korrekt umgerechnet wurde: Mieten, Strom, Strafmandate usw. Wir aber merken die Preis-Verdoppelung im Supermarkt. Und in der Eisdiele: Hätten Sie früher für eine Kugel Eis zwei Mark bezahlt? Never. Aber einen Euro halten wir heute noch für preiswert. Dabei wird das Eis, seit es teurer geworden ist, immer schlechter. Es ist einfach wässrig. Gutes Eis kann man suchen. Aber Eis ist ja nur ein kleines Beispiel. In Hamburg gibt es wie schon erwähnt ein Restaurant, das früher einen halben Hummer für 30 Mark verkaufte. Mit Einführung des Euro kostete der halbe Hummer 30 Euro, also 60 Mark.

Nun isst zwar nicht jeder täglich Hummer, aber beim Discounter geht uns das ähnlich. Der Euro hat uns ruiniert. Wir hätten gern die D-Mark zurück. Und wenn sie uns noch so viel erzählen, warum der Euro eine tolle Sache ist: Daumen runter!

Neidische Nachbarn

Man mutt auch ma gönne könne« gilt nicht mehr. Heute gönnt keiner mehr dem Nachbarn das Schwarze unter den Fingernägeln. Fährt der einen neuen Benz, wird gleich gemunkelt: Geht dem seine Frau vielleicht anschaffen? Oder hat er Steuern hinterzogen? Nachbarn sind fiese Kreaturen. Man sollte sich abschotten. Daumen runter!

Warteschleifen

Wir sind es leid, drin festzuhängen. Da können die uns so viel Musik anbieten, wie sie wollen. Die ist ohnehin nur schlecht. Als Kunde ist man König und hat ein Recht darauf, schnell einen Ansprechpartner zu bekommen. Dann müssen die eben mehr Leute einstellen. Außerdem weiß man nie, ob die Warteschleife kostet oder die Uhr erst dann tickt, wenn man verbunden wird. Warteschleifen sind scheiße. Daumen runter!

Das Personal bei den Discountern

Es muss ja nicht jeder im Laden ein ausgebildeter Einzelhandelskaufmann sein. Aber es wäre ja nett, wenn wenigstens einer mit Kompetenz herumlaufen würde. Heute muss man sich an die Tür zum Lager begeben und dort darauf lauern, dass mal jemand im Kittel mit dem Firmenlogo herauskommt, der wahrscheinlich gerade einen Container mit Altpapier vor sich her schiebt, und den kann man dann (wenn man sich traut) ansprechen, wo denn der Grauburgunder geblieben ist, den es letzte Woche noch gab. Zu 100 Prozent heißt die Antwort: »Gibt es nicht mehr.« Keine Peilung, keine Meinung, keine Ahnung, kein Konzept. Geiz ist ja geil und billig ist super, aber wir Verbraucher hätten schon ganz gern einen Ansprechpartner. Auch bei den Discountern. Daumen runter!

Europa

Rumänien ist ja nun auch mit drin, also nicht nur geografisch, sondern auch in der EU. Das ist ja super. In Rumänien sterben gerade ganze Dörfer aus, weil alle jungen Sinti und Roma nach Deutschland ausgereist sind. Hier dürfen sie zwar sein, aber nicht arbeiten. Okay. Sie kommen trotzdem. Denn: Sie dürfen ein Gewerbe anmelden (das ist erlaubt, obwohl sie nicht arbeiten dürfen), und wenn das Gewerbe nicht funktioniert, dann melden sie es wieder ab und sind dann im vollen sozialen Netz mit Stütze, Hartz IV und allem. Plus Kindergeld. In Berlin gibt es leerstehende Mietshäuser mit, sagen wir mal, zwölf Wohnungen, in denen bis zu 100 Kleinunternehmer polizeilich gemeldet sind, wussten Sie das? Der *Tagesspiegel*, nicht unbedingt für Stammtisch-Mentalität bekannt, hat sich kürzlich darüber beklagt. Die kommen zu uns, melden ein Gewerbe an, melden es wieder ab und kassieren die Kohle. Das ist doch nicht normal! Es kümmert sich aber keiner drum. Der Bürger kotzt ab. Und wenn man das, was jeder weiß, laut sagt, dann ist man rassistisch und hat was gegen Sinti und Roma. Hallo, gehts noch? Wir Bürger in diesem Lande haben überhaupt nichts gegen Sinti und Roma. Aber die Politiker haben es nicht verstanden, uns den Sinn von dem tollen neuen Europa, wo jeder Faulpelz rein darf, zu erklären. Die Politiker haben die denkbar schlechtesten PR-Berater. Sie machen Politik am Bürger vorbei. Und deshalb, was Europa angeht: Daumen runter!

Dummes Gequatsche im Radio

Es ist praktisch unmöglich, ein und denselben Sender länger als zwei Stunden am Stück zu hören. Danach geht einem das seichte Gequatsche der dauergrinsenden Moderatoren mit ihrem schleimigen Wackelpudding-Charme so sehr auf den Geist, dass man dringend umschalten muss. Blöderweise gilt das heute nicht mehr nur für private Sender, sondern auch für die öffentlich-rechtlichen. Die machen den Privaten alles nach und heben sich in keiner Weise von deren niveaulosem Dampfgeplauder ab. Da hilft nur Abschalten und im Übrigen: Daumen runter!

Schlechtes Obst, gut versteckt

Wie die das machen, werden wir wohl nie erfahren. Vermutlich gibt es eine Obst-Abpack-Maschine, die faule Beeren nach unten schaufelt und oben drauf eine Schicht mit frischen. Wenn es die noch nicht gibt, müsste man dringend ein Patent anmelden und könnte damit reich werden. Im Laden sieht das Obst super aus, sofern man das durch den Plastikdeckel erkennen kann – und zu Hause schmeißt man die Hälfte weg, weil ungenießbar. Daumen runter!

Piercings mitten im Gesicht

Wo sich gepiercte Menschen was pieksen lassen, das ist ihre Sache und wir wollen es auch gar nicht wissen. Piercings im Gesicht aber zwingen uns, sie zur Kenntnis zu nehmen, und das ist vorsätzliche Körperverletzung durch öffentliches Zurschaustellen des eigenen schlechten Geschmacks. Wieso sollten wir mit jemandem sprechen oder gar uns von jemandem bedienen lassen, der ein Loch zu viel in der Nase hat und sich einen falschen Glitzerstein hineinsteckt? Wes Geistes Kind ist eine Frau mit einer Billig-Perle über der Augenbraue? Daumen runter!

Der Wetterbericht

Es muss doch möglich sein, die metereologische Großwetterlage wenigstens einigermaßen einzuschätzen. Wir können doch sonst (fast) alles! Wenn sich ein Tief im allerletzten Moment umentscheidet, haben wir ja Verständnis für Voraussagen, die nicht eintreffen. Aber es kann doch nicht sein, dass sich 90 Prozent aller Tiefs im allerletzten Moment umentscheiden und direkt auf uns zukommen, obwohl der Wetterbericht das Gegenteil behauptet hat! Metereologen sollte man keine Wohnungen vermieten. Denn wer sich im Berufsleben ständig irrt, wer sogar für Irrtümer auch noch entlohnt wird, der zahlt wahrscheinlich auch keine Miete. Es ist ein kleines Wunder, dass so viele Leute abends nach den Nachrichten noch das Wetter sehen wollen. Die wissen doch genau, dass es anders kommt als prophezeit! Regenschirm nicht vergessen und: Daumen runter!

Die Verfasser von Horoskopen

Glauben Sie kein Wort von dem, was Ihnen da erzählt wird. Na gut, das tun Sie ohnehin nicht (es sei denn, da steht was Nettes drin). Aber vielleicht dachten Sie bisher ja, dass irgendein Astrologe wenigstens mal vor die Tür gegangen ist und einen Blick auf den Sternenhimmel oder auf seine große Karte mit den Gestirnen geworfen hat, bevor er seinen Quatsch zusammenschreibt. Vermutlich ist das aber nicht so. Der Autor dieses Buches kennt Horoskop-Schreiber, die nicht einmal den Großen Bären am Nachthimmel erkennen würden und die den Mars für einen Schokoriegel halten. Horoskope schreiben sich total leicht: Grundtendenz positiv, immer ein kleines Kompliment hineinpacken und vor irgendetwas warnen, das jedem von uns täglich so oder ähnlich passieren kann. Warnt man zum Beispiel vor einer Infektion, so bleibt man auch dann glaubhaft, wenn es keine Infektion gibt: Schließlich hat man ja zum Glück vor ihr gewarnt, und deshalb gab es keine. Prophezeit man ein glückliches Händchen im Beruf, dann bleibt man ebenfalls auf jeden Fall glaubhaft. Es gibt an jedem einzelnen Arbeitstag im Leben eines Arbeitnehmers zumindest eine einzige richtige Entscheidung. Das gilt selbst für den größten Deppen. Würde er nämlich acht Stunden lang am Stück durchweg nur Mist bauen, dann wäre er längst gefeuert. Sehen Sie: Glückliches Händchen, genau wie im Horoskop vorhergesagt! Normalerweise müssten die Leute von *Titanic*, dem Satiremagazin, mal die großen Illustrierten anrufen und sich als Astrologen ausgeben. Dann ein Horoskop ausmachen, wo die nicht Nein sagen können, und mal ein Jahr alle Horoskope würfeln. *Das* wäre eine Geschichte! Horoskop-Schreibern soll eine Pinocchio-Nase wachsen: Daumen runter!

Bocklose Pastoren in leeren Kirchen

Da sind beim Gottesdienst am Sonntagmorgen kaum drei Reihen gefüllt. In vielen Städten werden die Kirchen sogar verkauft und da kommen Event-Locations rein. Reihenweise treten die Leute aus der Kirche aus. Kommt denn niemand auf die Idee, dass es viel zu viele schlechte Pastoren gibt? Als wenn ihnen ihre Schäfchen egal und sie Beamte auf Lebenszeit wären (was sie ja auch sind, irgendwie), leiern sie ihre Phrasen runter, dass man einschläft dabei. Und was gibt es für viele Themen, die auf die Kanzel gehören! Was hätte Jesus uns heute zu sagen, und vor allem *wie* würde er es sagen! Das war vermutlich ein Einpeitscher-Typ, dem die Leute gebannt an den Lippen gehangen haben. Zeitlose Bibelinterpretationen, die man so schon vor 100 Jahren hätte herunterbeten können, treiben die Menschen bestimmt nicht vor die Kanzel. Erst bekreuzigen, dann Daumen runter!

Hundehaufen auf der Wiese

Das sagt der Autor als Rudelführer von zwei Neufundländern, die ihm die Haare vom Kopf fressen und zusammen täglich circa zwei Kilo Hundescheiße produzieren, also bei einer Lebenserwartung von zehn Jahren mal eben schlappe 7,3 Tonnen: Die Mehrheit der Hundehalter sind Schweine. Man kann auf keine Stadtparkwiese mehr gehen, ohne in Tretminen zu geraten. Die typische Kopfbewegung des durchschnittlichen Hundehalters ist die, wenn er sich heimlich umschaut, ob keiner guckt, wie sein Hund irgendwohin scheißt. Dann verzieht er sich, als hätte er nichts gesehen. Das kleine schwarze Säckchen zum Aufsammeln von Hundeschiet (ich persönlich komme mit einem nicht hin und brauche pro Hund und Geschäft zwei, also vier pro Gassigehen, denn man kann immer nur eine Handvoll in die Tüte geben, sonst gibt es Schweinkram und man kriegt die Tüte nicht mehr verknotet), das kleine schwarze Säckchen also befindet sich in fast jeder Hundehalter-Manteltasche – aber es wird eben nur dann herausgeholt, wenn jemand guckt und gleich schimpfen wird. Aber mit dem Säckchen-bei-sich-Tragen und dem Benutzen ist es ja nicht getan. Man muss das Säckchen auch irgendwo ordnungsgemäß entsorgen, und genau das tun die meisten eben nicht! Sie warten ein weiteres Mal, bis keiner guckt, und schmeißen das Säckchen dann ins Gebüsch. Wie pervers ist das denn? Übrigens sieht man in den feineren Vierteln besonders viele kleine schwarze volle Säckchen im Gebüsch. Ganz schlimm ist es zum Beispiel am Hamburger Leinpfad, wo die Millionäre wohnen, und auf der anderen Alsterseite am Harvestehuder Weg. Die Millionäre sammeln immer schön alles auf, was ihre Hunde hinterlassen, weil der Nachbar, der ebenso reich ist wie sie, garantiert mit dem Fernglas hinter der Gardine lauert. Dann biegen sie um die Ecke und schwupp, ist das Säckchen im Gebüsch. Man macht sich halt nicht gern die Finger schmutzig in diesen feinen Kreisen. Was fällt uns dazu ein? Daumen runter!

Griller, die ihren Müll nicht wegräumen

Außer Hundehaltern sind auch die Griller ganz miese Typen. Sie schrecken vor nichts zurück. Wenn sie gegrillt haben in einem öffentlichen Park oder am Strand vom Badesee, verkrümeln sie sich still und heimlich und lassen ihren Dreck zurück. Das ist ein Ärgernis, und Griller im öffentlichen Raum gehören deshalb auf jeden Fall ins *Kleine Buch der schlechten Menschen* hinein. Was man da alles findet! Leere Plastikpackungen von Aldi-Bratwürsten, staubende Grillkohletüten, schimmelnde Soßenflaschen in allen möglichen Geschmacksrichtungen, angebissene Spareribs, und mit den überall verstreuten Plastikflaschen könnte man sich eine goldene Pfand-Nase verdienen. Das Schlimmste ist aber nicht der Müll, sondern die glühende Kohle. Diese Verbrecher decken nämlich ihre heißen Einmalgrills mit einer hauchdünnen Schicht Sand zu, denken, dem

Brandschutz sei damit Genüge getan, und machen sich klammheimlich aus dem Staub. Dann kommt eine Familie mit zwei Kindern, alle natürlich barfuß, der glühende Grill ist nicht mehr zu sehen, und schon steht das erste Kind mit nackten Füßen auf der heißen Kohle. Da kommt Freude auf, das macht so richtig Spaß. Das Kind schreit vor Schmerzen, kann sechs Wochen nicht laufen und bleibt deshalb in der Schule sitzen. Das sind dieselben Griller, die wahnsinnig stolz darauf sind, dass sie mit ihren Kindern so einen schönen Familiennachmittag am Badesee verbracht haben. Lumpen sind das, hirnlose Verbrecher, Grill-Gangster! Auf jeden Fall den Daumen runter!

Sesselfurzer in den Behörden

Bis sie pünktlich um halb vier Feierabend machen, haben sie nur eins im Sinn: wie sie uns Bürgern das Leben schwer machen können. Wie kann es nur angehen, dass wir uns von einer relativ kleinen Berufsgruppe, die wir als Steuerzahler auch noch finanzieren, so heftig terrorisieren lassen? In Hamburg zum Beispiel sind irgendwelche Deppen in den Behörden auf die Idee gekommen, dass man Stühle vor den Restaurants nur noch innerhalb einer blauen Markierung hinstellen darf. Da sind Staatsbedienstete erschienen, die haben vor jeden Laden mit Außen-Gastronomie blaue Linien auf den Bürgersteig gemalt. Was soll der Schwachsinn? Früher kam ein freundlicher Polizist vorbei und hat die Gastwirte höflich gebeten, dass sie wenigstens Platz für einen Kinderwagen lassen. Dann haben die Wirte ihre Tische ein bisschen näher an die Wand gerückt und alles war gut. Heute malen sie Linien auf den Bürgersteig. Wenn ein Gast die Beine ausstreckt und dabei mit den Füßen jenseits der blauen Linie landet, hagelt es ein Bußgeld. Das überprüfen die sogar! Wir Steuerzahler bezahlen Leute, die auf Blaue-Linien-Streife gehen! Das muss man sich mal reintun. Natürlich müssen die Wirte fürs Aufmalen und für die Unterhaltung der blauen Linien, die hin und wieder mal nachgemalt werden müssen, auch noch kräftig blechen. Die behördlichen Sesselfurzer behaupten dann immer, es hätten sich Leute beschwert und deshalb sei das notwendig. Das ist aber dummes Zeug. Fragt man nämlich die Anwohner, waren die stets mit dem prallen Leben vor ihrer Haustür zufrieden, und da hat sich gar keiner beschwert. Es ist nur so, dass die Behörden-Fuzzis immer wieder ihre eigene Daseinsberechtigung unter Beweis stellen müssen, und deshalb denken sie sich immer neue Schikanen aus.

Die Geschichte geht aber noch weiter. Um beim Hamburger Beispiel mit den schwachsinnigen blauen Linien zu bleiben: Kaum waren die aufgemalt und die Wirte hatten sich wieder einigermaßen beruhigt, wurden die Linien neu gemalt. Reichten nämlich bis dahin anderthalb Meter Platz für den Bürgersteig aus, verlangten die Behörden nun plötzlich zwei Meter. Die Begründung: Wenn sich zwei Kinderwagen-Mütter begegnen würden, müssten beide Platz haben. Ja, ist denn so ein Bürgersteig eine Autobahn? Kann man nicht erwarten, dass die eine Kinderwagen-Mutter so lange wartet, bis die andere vorbei ist? Es hat sich auch keine Mutter gefunden, die sich darüber beschwert hätte. Es gibt wohl gar keine. Sesselfurzer in den Behörden würden am liebsten gar nichts mehr erlauben und stattdessen alles verbieten. Daumen runter!

Rausgeschmissene Steuergelder

Weil der Autor ein Hamburger Bürger ist, fällt ihm natürlich gleich die schwachsinnige, dilettantisch geplante, schon vor Eröffnung zum Scheitern verurteilte, grässliche, großkotzige, größenwahnsinnige, unnütze, gigantomanische, Hitlers Berlin-Bauplänen ähnelnde, den Bau von Kindergärten verhindernde, wahrscheinlich wegen der riesigen bruchgefährdeten Glaskuppel auch hochgefährliche, niemals fertigzustellende, Steuergelder in dreistelliger Millionenhöhe fressende Elbphilharmonie ein. Sie wissen schon: Da haben die Hamburger Politiker die ganz große Nummer abziehen und ins Geschichtsbuch eingehen wollen, haben einen schlechten Deal mit einer großen Baufirma gemacht und sind dabei so was von auf die Schnauze geflogen, dass sich jeder Eigenheimbauer angesichts eines solchen Chaos längst im feuchten Keller seines niemals fertigzustellenden Eigenheims erhängt hätte. Als diese Zeilen geschrieben werden, ist die Bauruine praktisch lahmgelegt. Da arbeitet gar keiner mehr. Vielleicht wird sie eines Tages tatsächlich fertig gebaut. Aber noch die Generation unserer Enkel wird den Tag verfluchen, als der Senat der Hansestadt dieses Millionengrab beschlossen hat.

Die »Elbphi«, wie die Hamburger ihre sinnloseste und teuerste Bauruine schon mit fast liebevollem schwarzen Humor verniedlichend nennen, ist aber nur ein Beispiel für herausgeworfenes Steuergeld, denn – wenn auch in kleinerem Rahmen – fast jede Kommune verballert unser Steuergeld für Prestigeobjekte mit derart laienhaftem Sachverstand, dass man das Grausen kriegt. Da werden Kreuzungen, die seit Jahrzehnten unfallfrei funktionieren, zum angeblich viel besseren Kreisverkehr umgebaut und irgendwann stellt man fest, dass es leider gar keine richtige Ausschreibung gegeben hat. Ist doch egal, das merkt doch keiner! Der Bauunternehmer ist ein Kumpel vom Bürgermeister. Laut sagt das keiner, aber jeder weiß das. Da werden zwischen zwei Dörfern Straßenlaternen im antiken Stil aufgestellt, obwohl da nachts gar niemand langfährt. Bezahlt von Zuschüssen, die ausgegeben werden müssen! Wer nichts ausgibt, der kriegt nächstes Jahr keine Subventionen mehr. Ist doch egal, ob die Laternen jemandem nützen! Sie sind jedenfalls da, und sie machen was her.

Überall im Lande sieht man Brücken, die von nirgendwo nach nirgendwo führen. Sie stehen einfach nur so in der Landschaft, ohne Zu- und Abfahrt, und werden von den Beamten in den Behörden »Soda-Brücken« genannt. Weil sie einfach nur »so da« stehen. Da hatte irgendein Bürgermeister mal die Idee, dass man eine Ortsumgehung bauen müsste und dass er sich damit unsterblich machen könnte, begonnen wurde dann mit der Brücke, und danach war leider das Geld alle. Die Brücke bleibt stehen, als trauriges Mahnmal für großkotzige Kommunalpolitik auf Kredit. Man sollte dem Bundesrechnungshof, der Beispiele wie das geschilderte alljährlich auflistet, Polizeigewalt verleihen. Die müssten in den Gemeinden mit Blaulicht auftauchen und die zuständigen Beamten und Bürgermeister allesamt verhaften.

Die Dämlichkeit mancher Ossis

Das sagt ja niemand so laut. Aber es ist doch oberpeinlich, dass ausgerechnet in den neuen Bundesländern die NPD und die anderen Neonazis ihre Hochburgen haben. Nach der Hitlerzeit sind die Ossis – man muss sie auch heute noch so nennen dürfen, warum eigentlich nicht? – direkt in die nächste Diktatur geschlittert, haben sich dann unter die Knute der SED geduckt, und als sie endlich mal einen Hauch von Freiheit schnuppern durften und Kohl sie alle in den Arm genommen hat, sind sie den nächsten Anti-Demokraten auf den Leim gegangen und die NPD ist jetzt im Osten in manchen Städten richtig weit vorn. Hallo? Zahlen wir[*] dafür Soli? Haben die gar nichts begriffen? Wollen die vielleicht gar keine Demokratie? Sind die blöd, oder was?

»Soli« ist die Abkürzung für »Solidaritätsbeitrag«. Man mag sich als Wessi aber nicht solidarisch erklären mit einem Landesteil, der die Nazis in die Landtage wählt und dafür nicht einmal öffentlich an den Pranger gestellt wird. Deutschland ist so feige!

Wir nehmen das einfach so hin und wenn man mal etwas darüber liest, dann geht es um verständnisvolle Ursachenforschung, um allgemeine Unzufriedenheit mit den bestehenden Verhältnissen, um hohe Arbeitslosenquoten und um andere theoretische Erklärungsversuche. Wir haben immer nur Verständnis. Wir hauen niemals auf den Tisch. Warum sagt niemand einmal ganz klar: Bundesländer, in denen die NPD eine Chance hat, wollen wir nicht in der Bundesrepublik Deutschland? Die können sehen, wo sie bleiben. Die werden ausgeschlossen.

Es kotzt einen an, wenn man die Wahlergebnisse der NPD in manchen Kommunen im Ossi-Land anschaut. Dafür haben wir uns nicht wiedervereint. Auf solche Mitbürger können wir verzichten. Leider sind wir aber keine kämpferische und keine wehrhafte, sondern eine Erklär-und-Verständnis-haben-für-alles-Demokratie. Und genau darüber lachen sich die Neonazis tot. Daumen runter!

---

[*] *Der Autor weiß natürlich, dass die Ossis selbst auch Soli zahlen. Um so bescheuerter ist es aber doch, wenn dann auch noch welche die Nazis wählen. Glücklicherweise sind nicht alle so, und es gibt ganz prima Ossis. An dieser Stelle muss der Autor zugeben, dass es sogar in seinem Freundeskreis Ossis gibt. Die leiden aber ganz genau so an den Ossis, die NPD wählen.*

Private Internet-Anbieter

Die Kollegen von der *BILD* könnten eine eigene Abteilung nur für die Bearbeitung von Leserbeschwerden über private Handy- und Internet-Anbieter aufmachen und zehn Planstellen würden keinesfalls ausreichen. Praktisch jeder zweite Hilferuf an »*BILD* kämpft für Sie« kommt von Leuten, die auf irgendeinen Flatrate-Super-Spartarif reingefallen sind. Die Firmen unterbieten sich gegenseitig, was Sonderangebote und Zusatzleistungen angeht. Aber kein Mensch denkt darüber nach, wie das eigentlich funktionieren soll. Weil Geiz so wahnsinnig geil ist, schalten wir vor Unterzeichnen des Billig-Tarifes unser Gehirn aus und glauben, dass wir soeben einen Mega-Deal gemacht haben. Dann funktioniert irgendetwas nicht und wir gucken so was von in die Röhre. Der Anbieter hat eine inkompetente Hotline, bei uns zu Hause erscheint im Problemfall überhaupt niemand, der Anbieter schiebt der Telekom als Leitungsinhaber die Schuld in die Schuhe und die Telekom lacht sowieso nur, weil wir ja nicht mehr bei ihr sind, sondern bei diesem privaten Anbieter. Der will nur Verträge verkaufen und sonst gar nichts. Beim Handy ist es noch okay: Da kann man schon woanders hingehen und wenn es nicht funktioniert, kriegt man eben ein neues Handy. Aber bei festen Internetleitungen kann man nur dringend davon abraten, sich blind in irgendein Abenteuer zu stürzen, nur um ein paar Euro zu sparen. Die Verbrecher sitzen in den großen Konzernen. Sie hauen ein Billig-Angebot nach dem anderen heraus, aber natürlich sparen sie das Geld wieder ein: beim Service nämlich. Glauben Sie der Werbung keinesfalls! Wer zu einem privaten Anbieter wechselt, hat schon so gut wie verloren.

Kleingedrucktes im Fernsehen

Was erwarten die von uns? Dass wir mit einem Hechtsprung zur Glotze fliegen, die Nase an den Bildschirm pressen und uns das Kleingedruckte mit der Lupe reinziehen, obwohl es in drei Sekunden wieder verschwunden ist? Oben steht ein geiler Spartarif mit einem Sternchen dran und was unten beim Sternchen steht, das kann nicht einmal ein Adlerauge entziffern.

Dass so etwas erlaubt ist, grenzt an einen Skandal. Wir Verbraucher wollen uns nicht länger verarschen lassen! Im Kleingedruckten steht wahrscheinlich drin, dass dieses Sonderangebot nur für grippekranke Eskimos und auch für die nur für die Zeit zwischen dem 29. Februar, 24 Uhr und dem 1. März, 0 Uhr gilt. Wo bleibt der Aufschrei der Wettbewerbshüter? Warum schreitet die Verbraucherberatung nicht gegen diesen Betrugsversuch ein?

Jede blöde Halsschmerztablette muss laut und deutlich »Zu Risiken und Nebenwirkungen fragen Sie Ihren Arzt oder Apotheker« sagen, obwohl wir diesen Rat inzwischen so langsam verinnerlicht haben, und das Kleingedruckte darf so klein gedruckt sein, wie es nur eben geht? Bis man aus dem Fernsehsessel ist und mit der Birne gegen die Mattscheibe prallt, läuft doch sowieso schon der nächste Werbespot, also werden wir niemals erfahren, was im Kleingedruckten steht, aber apropos Werbung:

Dauer-Werbesendungen

Wer auch nur mit dem Gedanken spielt, sich ein Produkt aus einer Dauer-Werbesendung zu kaufen, sollte den Rest seines Geldes mit auf eine Rentner-Kaffeefahrt nehmen und die ganze dort angebotene Palette von nutzlosem Schrott kaufen. Was uns in den Dauer-Werbesendungen geboten wird, ist optische und akustische Körperverletzung. Nicht genug damit, dass sie die miesesten und dämlichsten Sprecherstimmen buchen und ihren Müll so oft wiederholen, dass man beim zehnten Mal bereits rückwärts mitsprechen kann: Niemand, der behauptet, dass hier nur Müll verkauft wird, liegt mit diesem Pauschalurteil falsch. Denn hier wird tatsächlich nur Müll verkauft, allerdings zu weit überhöhten Preisen. So blöd kann doch eigentlich niemand sein, dass er darauf anspringt. Und doch: Dauer-Werbesendungen haben eine ziemlich hohe Einschaltquote, denn sonst gäbe es sie ja nicht. Die Blöden sind also unter uns. Blöd ist die Hausfrau, die sich beim Bügeln diesen Schwachsinn reinzieht. Blöd ist der Rentner, der sich damit die Zeit vertreibt. Blöd in der Birne ist jeder, der Dauer-Werbesendungen guckt. Und wenn er den Scheiß dann auch noch kauft, hat er eindeutig selbst Schuld.

Kaffeefahrten-Verkäufer

Alles Betrüger, Gauner, Kriminelle und Halsabschneider. Wissen Sie eigentlich, wie Sie da verarscht werden? Das läuft so: Großbetrüger A schickt Ihnen einen Brief, dass Sie auf der

Kaffeefahrt einen Flachbildschirm gratis kriegen werden. Und ein Essen. Und Kaffee und Kuchen. Mittelgroßbetrüger B veranstaltet die Reise, hat aber mit A nichts zu tun. Kleinbetrüger C ist vor Ort und verkauft den Schwachsinn von der ewig jung haltenden Hautcreme (Bullshit) bis zum massierenden Fernsehsessel (Bullshit). Bereits ab B haben Sie niemanden, den Sie auf den Flachbildschirm, das Essen und Kaffee und Kuchen verklagen könnten, denn die haben alle mit A nichts zu tun. Und *der* hat ja behauptet, dass Sie allerlei gratis kriegen werden. Wenn Sie sich beschweren, dann heißt es: »Sie sind in den falschen Bus gestiegen!«, und dagegen können Sie überhaupt nichts machen. Man muss allerdings auch betonen, dass die vielen Tausend Rentner, die von Kaffeefahrt-Betrügern tagtäglich übers Ohr gehauen werden, selbst an ihrem Schaden schuld sind. Denn obwohl inzwischen jeder Depp weiß, dass Kaffeefahrten reine Betrugsveranstaltungen sind, füllen sich die Busse 365 Tage im Jahr immer wieder neu bis auf den letzten Platz. Das liegt daran, dass viele Rentner unter derart quälender Langeweile und Einsamkeit leiden, dass sie sich gern betuppen lassen: Hauptsache, es spricht jemand mit ihnen und sie haben endlich einmal etwas vor. Das ist verdammt traurig, aber es ist Realität.

Das Fazit aus diesem Kapitel

Wie Sie schon festgestellt haben, gibt es längst mehr schlechte Menschen als gute. Und es ist ein Minderheiten-Problem, das wir haben. Brötchen-back-Leute-Verarscher und Kaffeefahrt-Betrüger haben eben den Vorteil, dass sie zur Mehrheit gehören. Die Schlechten sind en vogue. Wir Guten, also Sie und noch ein paar, sind vom Aussterben bedroht. Behörden-Fuzzis,

Steuergelder-Verschwender, viel zu viele rechtslastige Ossis, die Bonzen aus dem Fernsehen und all die anderen schlechten Menschen tun wirklich alles, um unser schönes Land herunterzuwirtschaften. Man könnte die Liste aus diesem Sammelsurium-Kapitel noch dramatisch erweitern und es würde einem immer noch eine weitere schlechte Spezies einfallen! Sie sind eben überall. Sie verstecken sich nicht einmal. Also, was tun? Wir müssen einfach aggressiver werden und uns wehren: mit Boykott, mit Weitersagen, mit lautstarkem Gepöbel, mit Nach-dem-Vorgesetzten-Rufen, mit Eingaben an die Behörden-Chefs direkt, mit Leserbriefen in den Zeitungen, mit ehrlichen Einträgen auf Facebook, mit Protestbriefen an Kur- und Gemeindeverwaltungen, mit verweigertem Trinkgeld und, wo immer es sein muss, auch mit Strafanzeigen (zum Beispiel wenn das Haltbarkeitsdatum auf dem Käse, so erst neulich entdeckt, mit der Hand durchgestrichen und einfach verlängert wird!). Wir sollten nicht schweigen, wenn der Wirt diese Saison einfach drei Euro mehr fürs Essen verlangt als letzten Sommer, weil er halt meint, dass wir es nicht merken. Wir sollten genau hinsehen, woher die Ware eigentlich kommt, die wir kaufen. Wir sollten aber auch nicht alles glauben, was auf den Verpackungen steht. Kurzum: Der Kampf gegen die Schlechten beginnt im Alltag, er beginnt heute statt morgen, er beginnt beim Kaufmann, im Restaurant, auf der Straße, im Bus, in der Firma, im Fahrstuhl und auch beim Friseur. Habe ich eigentlich schon über Friseurinnen abgelästert, die sich unbedingt mit mir unterhalten wollen, anstatt mich meine Zeitung lesen oder meinen Gedanken nachhängen zu lassen? Die können sich schon mal auf Band zwei freuen!

Jemandem mal richtig die Meinung zu sagen erhöht den Adrenalinspiegel und pumpt richtig viel Blut durchs Gehirn. Die Arterien erweitern sich, man gerät in Rage und das ist sehr gut für den Kreislauf. Insofern ist es sehr gesund, sich aufzuregen. Wer einmal am Tag jemanden zusammenscheißt, lebt einfach länger und ist auch viel belastungsfähiger. Nach dem Motto »Dem hab ichs aber gegeben« kann man sich selbst auf die Schulter klopfen, was das Selbstbewusstsein stärkt. Abends kann man dann dem Ehepartner erzählen, wie nachhaltig man sich gegen einen miesen Typen zur Wehr gesetzt hat, und erntet dafür Bewunderung. Beim Einschlafen fühlt man sich immer noch gut und lächelt selig vor sich hin. Man sollte das viel öfter machen.

II. KAPITEL

Was wir von schlechten Menschen lernen können

Wer Streit anzettelt, fühlt sich besser

Jemandem mal richtig die Meinung zu sagen erhöht den Adrenalinspiegel und pumpt richtig viel Blut durchs Gehirn. Die Arterien erweitern sich, man gerät in Rage und das ist sehr gut für den Kreislauf. Insofern ist es sehr gesund, sich aufzuregen. Wer einmal am Tag jemanden zusammenscheißt, lebt einfach länger und ist auch viel belastungsfähiger. Nach dem Motto »Dem hab ichs aber gegeben« kann man sich selbst auf die Schulter klopfen, was das Selbstbewusstsein stärkt. Abends kann man dann dem Ehepartner erzählen, wie nachhaltig man sich gegen einen miesen Typen zur Wehr gesetzt hat, und erntet dafür Bewunderung. Beim Einschlafen fühlt man sich immer noch gut und lächelt selig vor sich hin. Man sollte das viel öfter machen.

Wer das Maul aufreißt,
tut ein gutes Werk

Schlechte Menschen meinen ja immer, dass sie ihrer Umwelt die Wahrheit sagen müssten, und zwar gnadenlos und ohne Rücksicht auf Verluste. Das nervt total. Trotzdem ist es hin und wieder nützlich. Stellen Sie sich einmal vor, Sie wären ein Arschloch. Das fällt natürlich schwer, weil es weit von der Realität entfernt ist, aber Sie können es ja mal versuchen. Sie sind jetzt also ein Arschloch, aber niemand, wirklich niemand spricht Sie darauf an! Woher sollen Sie denn dann wissen, dass Sie eines sind? Die Welt ist voller Arschlöcher, denen noch nie jemand so richtig die Meinung gesagt hat. Sie leben in ihrer eigenen Arschloch-Welt, wo jeder unangenehm auffällt, der kein Arschloch ist. Die wahren Werte im Leben, also Toleranz, Ausgeglichenheit, innere Gelassenheit und Liebe zum Nächsten, sind ihnen fremd. Sie leben auf Kosten der anderen, trampeln auf ihnen herum und haben nur ihren eigenen Vorteil im Sinn. Wenn sich jeder, der kein Arschloch ist, von ihnen abwendet, wird das immer so bleiben! Deshalb ist es eine hehre gesellschaftliche Aufgabe, einem Arschloch zu sagen, dass es eins ist.

Lieber Gewinner als Verlierer

Schlechte Menschen setzen sich hemmungslos durch, weil sie sich ständig im Krieg wähnen und unbedingt jede Schlacht gewinnen wollen. Das macht sie so unleidlich. Allerdings haben sie in einem Punkt recht: Leben ist Krieg, und ein Krieg ist nun einmal kein Zuckerschlecken. Es gibt nur Gewinner und Verlierer. Überlegen Sie doch mal, zu welcher Gruppe Sie gehören möchten! Wären Sie lieber auf der Gewinnerseite oder möchten Sie ständig die weiße Flagge hissen? Natürlich Ersteres. Aber das schaffen Sie nie, wenn Sie sich ständig herumkommandieren lassen und immer nur das tun, was andere von Ihnen wollen. Es ist höchste Zeit, dass Sie sich auch mal gerade machen. Egal ob in der Ehe, im Job oder in der Kindererziehung: Ihnen wird schon viel zu lange auf der Nase herumgetanzt. Jetzt ist der richtige Moment, um mit der Faust auf den Tisch zu schlagen und dem ewigen Leiden ein Ende zu bereiten. Ab sofort gehören Sie auch zu den Gewinnern!

Geheimes Wissen kann man gut vermarkten

Sie wissen so viel über Ihre Feinde, aber Sie machen niemals Gebrauch davon? Klar: Sie sind ein guter Mensch, und Vertrauliches würden Sie niemals ausplaudern. Schlechte Menschen haben diese Skrupel nicht. Die wissen ganz genau, wie sie aus in vielen Jahren gesammelten Fakten und Gerüchten Kapital schlagen können. Ständig sieht man sie irgendwo mit jemandem in der Ecke stehen und tuscheln. Was bereden die da? Die handeln mit der Ware Information. Ich erzähle dir etwas, und du erzählst mir etwas. So pusht man sich gegenseitig, so läuft das! Nun springen Sie doch mal über Ihren Schatten, knipsen Sie Ihren Heiligenschein aus und seien Sie auch mal fies. Sie werden sehr schnell feststellen, dass Sie ganz neue Informationskanäle anzapfen können, denn jede vertraulich ausgeplauderte Information bringt zwei neue zurück! Warum sollen immer nur die schlechten Menschen Vorteile haben? Sie sind jetzt auch mal dran.

Am Steuer sollte man egoistischer sein

Sie könnten jeden Tag zehn Minuten früher in der Firma ankommen, wenn Sie nicht ständig alle Leute vorlassen würden. Schlechte Menschen fahren mit gesundem Egoismus Auto und halten so wenig Abstand zum Vordermann, dass sich garantiert kein blöder Linksblinker dazwischendrängen kann. Und damit haben sie auch noch Erfolg. Es ist doch nicht fair, dass ausgerechnet Sie deswegen ständig zu spät zur Arbeit kommen! Wer immer nur an andere denkt und das Helfersyndrom auf der Stirn trägt, der verliert im Gefecht des Straßenverkehrs. Geben Sie mal richtig Gas, drücken Sie kräftig auf die Hupe und bestehen Sie auch mal auf Ihrer Vorfahrt! Nicht immer und nicht jeden Tag, aber Sie könnten mal ein kleines bisschen aggressiver werden. Die anderen machen Ihnen bestimmt Platz, denn den nächsten Gutmenschen sehen Sie im Rückspiegel.

Sie müssen nicht immer so toll aussehen

Schlechten Menschen ist es völlig egal, wie sie herumlaufen und was andere von ihnen denken. Die putzen sich morgens noch nicht einmal die Zähne. So tief müssen Sie ja nicht sinken. Aber Sie neigen wahrscheinlich zum Perfektionismus und möchten immer irgendwie top aussehen. Da können Sie von den Schlechten was lernen: Einfach mal schlampig sein! Sich hängen lassen! Ist doch egal, was die anderen denken! Bequemlichkeit geht vor Schick! Sollen die doch reden! Wenigstens hin und wieder könnten Sie die hohen Ansprüche, die Sie an sich selbst stellen, ein bisschen herunterschrauben. Sie würden dann viel gelassener wirken und wahrscheinlich auch entspannter sein. Schlechte Menschen haben manchmal so eine provozierende Entspanntheit, die einen schon wieder aufregt. Davon ein bisschen klauen, das wäre nicht schlecht für Sie.

Vergessen Sie Mutter Teresa

Vor allem Frauen neigen dazu, immer allen helfen zu müssen. In diesem Punkt können sie von schlechten Menschen wirklich etwas lernen. Denen fehlt nämlich das Mutter-Teresa-Chromosom. Angesichts einer weinenden Kollegin im Büro wenden sie sich gelangweilt ab, anstatt ihr mit einem Taschentuch auszuhelfen. Die arme Niete, vom Chef gerade wieder einmal zusammengestaucht, bekommt von ihnen keinen Trost, sondern noch einen Tritt hinterher. Sie brauchen keine Freunde, weil sie genug Feinde haben. Und außer ihrem eigenen Wohlergehen interessiert sie gar nichts. So sollen Sie natürlich nicht werden. Nur ein bisschen davon, sagen wir mal so: Wenn Sie Ihr Helfersyndrom auch nur um zehn Prozent zurückschrauben, haben Sie schon eine Menge gelernt von den ganzen Arschlöchern, mit denen Sie zu tun haben. Und dann sind Sie abends auch viel ausgeruhter, weil Sie nicht so wahnsinnig viel Energie in das Elend von armen Würstchen gesteckt haben.

Gucken Sie sich die Körpersprache ab

Schlechte Menschen laufen grundsätzlich immer mit leicht angewinkelten Ellenbogen herum. Machen Sie das mal nach. Drücken Sie Ihr Kreuz beim Gehen durch, schauen Sie jeden, der Ihnen begegnet, finster und entschlossen an, tragen Sie die Nase immer ein bisschen höher als normal und gehen Sie niemals an der Wand entlang, sondern immer in der Mitte des Flures. Achten Sie darauf, dass andere Ihnen ausweichen, und im Fahrstuhl treten Sie erst im allerletzten Moment zurück, wenn jemand zusteigt. Bereits nach wenigen Minuten werden Sie feststellen, dass Sie ganz anders wahrgenommen werden. Sie gehören plötzlich zu den Gewinnern. Körpersprache ist extrem wichtig, und schlechte Menschen beherrschen sie virtuos. Nur wir, also die Guten, kennen diese Tricks nicht. Abschauen, abkupfern, nachmachen! Man wird Sie schon bald ganz anders behandeln.

Lachen Sie doch auch mal an der richtigen Stelle

Sie müssen ja nicht gleich ein Arschkriecher werden. Aber was ist so schwer daran, bei einem blöden Witz zu lächeln, wenn der Witzeerzähler irgendwie wichtig ist? Bleiben Sie Ihren Prinzipien treu, aber nehmen Sie die nicht so verbissen ernst. Ausnahmen bestätigen die Regel, sagt man doch. Sie können sich ruhig mal etwas verbiegen, ohne gleich gebrochen zu sein. Schlechte Menschen verstehen es perfekt, sich auf andere einzustellen, und es ist ihnen völlig egal, ob sie sich dabei das Rückgrat brechen. Sie haben ja meistens sowieso schon lange keines mehr. Aber darum geht es in Ihrem Fall überhaupt nicht. Sie sollen nur hin und wieder, ein kleines bisschen und auch nur dann, wenn es unbedingt sein muss, einen Millimeter von Ihrer eigenen Überzeugung abweichen. Deshalb weicht sie doch nicht gleich auf!

Lernen Sie zu schauspielern

Schlechte Menschen können das perfekt. Das ist ja der Grund, warum wir ihnen nicht trauen. Sie hatten das bisher einfach nicht drauf. Wenn Sie jemanden für ein Arschloch halten, dann steht auf Ihrer Stirn ganz groß geschrieben: »Du bist ein Arschloch!« Das vermasselt Ihnen so manche berufliche Chance, und darum kommen schlechte Menschen weiter als Sie und ziehen gnadenlos an Ihnen vorbei. Üben Sie doch mal, zu einem Arschloch nett zu sein. Machen Sie große erstaunte Augen, wenn das Arschloch seine ichbezogenen, weit übertriebenen, dämlichen, vollkommen uninteressanten, peinlichen, frei erfundenen und sich selbst beweihräuchernden Geschichten erzählt. Nicken Sie ehrfürchtig, werfen Sie hin und wieder mal ein »Aha«, »Jaja«, »Echt???« oder »Was Sie nicht sagen!« ein. Lassen Sie das Arschloch reden! Sie sind deshalb noch lange kein Schleimer. Einen Schauspieler, der auf der Bühne den Schleimer gibt, verurteilen Sie doch auch nicht! Sie spielen hier nur eine Rolle, aber spielen Sie die bitte gut. Sie können das! Es könnte Sie weiterbringen, als Sie sich heute vorstellen können.

Setzen Sie Ihre Ellenbogen ein

Warum sollen ausgerechnet Sie immer an der Kasse mit der längsten Schlange stehen? Sie haben Ihre Zeit doch wirklich nicht in der Lotterie gewonnen. Also benutzen Sie Ihren Einkaufswagen als Waffe und fahren alle über den Haufen, die sich Ihnen in den Weg stellen. Ist die Schlange lang genug, machen die ja meistens eine weitere Kasse auf. Den blödsinnigen Spruch »Sie dürfen auch gern zu mir kommen« hat die unterbelichtete Tussi noch nicht einmal zu Ende ausgesprochen und sie hat sich auch noch gar nicht eingeloggt in ihrer Kasse, da brettern Sie schon mit dem Wagen (Waffe!) an allen vorbei, die sich Ihnen in den Weg stellen wollen, die an sich vor Ihnen dran wären und die vielleicht auch nur ein einziges Teil im Einkaufskorb haben. *Sie* lassen sich nicht mehr wegdrängeln. Über die Hacken, in die Kniekehlen, und Omas Krücke ist nicht Ihr Problem. Die ist eben nicht schnell genug! Und ja keine falsche Rücksicht auf Kleinkinder. Geben Sie einfach mal so richtig Gas. Sie werden sehr schnell feststellen, dass Fiessein die Seele befreit und gemeiner unsozialer Egoismus wie ein kaltes Bad nach einem Saunagang wirkt. Man fühlt sich einfach besser danach.

Picken Sie sich die Rosinen aus dem Kuchen

Nie wieder werden Sie mit fauligen Erdbeeren nach Hause kommen. Sondern Sie suchen sich schön langsam und in aller Ruhe die besten heraus. Erst einmal probieren Sie kostenfrei, ob die Erdbeeren überhaupt schmecken! Wenn Sie das in drei Läden je zweimal machen, haben Sie schon fast eine Mahlzeit gespart. Denn Sie müssen ja auch überprüfen, ob die erste Erdbeere nicht vielleicht ein Sonderfall war. Schauen Sie mal kurz nach links und rechts, ob da nicht vielleicht der böse Filialleiter lauert, und dann hauen Sie richtig rein. Danach drücken Sie mit Ihren ungewaschenen Fingern, mit denen Sie eben noch draußen vor dem Supermarkt einen verlausten Köter gestreichelt haben, auf jede einzelne Erdbeere, die Sie vielleicht kaufen werden. Ist sie bissfest? Entspricht die Größe Ihren Vorstellungen? Ist die da drunter nicht vielleicht noch ein bisschen besser? Schlechte Menschen machen das bei jedem Einkauf, und bisher hatten Sie einfach nicht die Traute dazu. Essen Sie sich gratis satt, tatschen Sie alles an, was Sie dann doch wieder zurücklegen werden: Seien Sie doch einfach mal eine ganz normale Verbraucher-Sau.

Lassen Sie doch mal die anderen arbeiten

Sie spielen schon lange mit dem Gedanken, mal etwas kürzer-zutreten? Sie dienen Ihrer Firma schon viele lange Jahre und haben eigentlich nie ein Dankeschön dafür gekriegt? Dann ist es jetzt höchste Zeit, dass Sie den Spieß mal umdrehen. Entdecken Sie den Segen des Nichtstuns, die Gnade der Faulheit! Schlechten Menschen ist das Wohl der Firma ohnehin egal, und die leben einfach länger. Machen Sie ab sofort halblang. Lassen Sie die Kollegen ran. Täuschen Sie irgendetwas vor, seien Sie unabkömmlich, drängeln Sie sich nicht mehr nach Arbeit, sondern entspannen Sie sich während der Arbeitszeit. Sie kennen doch die Tricks, mit denen schlechte Menschen arbeiten! Machen Sie es einfach mal genauso wie die. Alle zwei Wochen haben Sie einen unaufschiebbaren Arzttermin (da gehen Sie schön Kaffee trinken), hier zwickt es und dort, Sie haben Burn-out, Rücken und Psycho-Stress wegen Mobbing, und kurz vor Rausschmiss lassen Sie sich noch schnell in den Betriebsrat wählen. Jetzt sind Sie unkündbar. Geht doch! Jetzt lassen Sie sich noch eine unbeweisbare schwere Erkrankung attestieren (den richtigen Arzt dafür werden Sie schon finden), und schon haben Sie erst einmal fünf Wochen Sonderurlaub. Das würden Sie niemals tun? Hallo: Ihre schlechten Kollegen machen sich seit Jahren einen guten Lenz, weil Sie sich für unentbehrlich halten! Deren Blaumacherei geht auf Ihre Knochen! Schluss damit. Ab sofort bluten nicht mehr Sie, sondern ab sofort blutet die Firma für Sie. Das wird eine richtig geile Zeit.

Seien Sie mal richtig fies zu Ihren Kunden

Das haben Sie doch noch nie so richtig ausprobiert. Sie ahnen ja nicht einmal, wie blöd die Leute sind. Ihr guter Service, Ihre Fachkenntnis und Ihr Know-how werden doch gar nicht gewürdigt. Sie reißen sich den Arsch auf, und der Kunde hält das für selbstverständlich? Schlechte Menschen machen das ganz anders. Und kommen damit weiter. Erstens brauchen Sie künftig für Ihre Dienstleistung doppelt so lange wie bisher. Zweitens ist jedes Problem, das Sie im Handumdrehen lösen könnten, plötzlich ein riesiges und das müssen Sie dem Kunden natürlich auch so verkaufen. Drittens müssen Sie den Kunden süchtig nach Ihnen machen, also wilde und zur Not auch frei erfundene Geschichten erzählen, die Sie für ihn unentbehrlich machen. Viertens gibt es künftig überhaupt keine kleinen Problemlösungen mehr, sondern es gibt nur noch riesige Dramen. Denken Sie dabei zum Beispiel an die Wasserenthärter-Werbung, wo der Typ die Hausfrau schräg anmacht: »Alles verkalkt, und jetzt haben Sie den Salat!« Die Hausfrau hat ein schlechtes Gewissen, weil sie keinen Wasserenthärter genommen hat, und der Typ zeigt ihr anklagend den vollkommen verkalkten Heizstab. Meinen Sie, dass die Frau ihn für bescheuert erklärt und aus der Wohnung schmeißt? Die hält sich selbst für bescheuert und fragt höflich an, ob er ihr einen neuen Heizstab besorgen kann! Auf die Kosten schaut sie dabei nicht. So arbeiten die schlechten

Menschen. Und wenigstens hin und wieder sollten Sie auch so arbeiten.

Ab sofort ist der Mainstream Ihr Freund

Sie wollen doch weiterkommen! Also passen Sie sich gnadenlos an. Achten Sie genau darauf, was Ihr Chef trägt und vor allem, wie er es trägt. Kopieren Sie schamlos seinen Stil. Nur am Anfang werden Sie sich dabei etwas blöd vorkommen. Dann merken Sie langsam, wie Sie in der Firma vorankommen. Plötzlich sind alle irgendwie netter zu Ihnen. Sie werden respektiert. Fast sind Sie schon ein kleiner Star. Kollegen, die Sie früher nicht einmal gegrüßt hätten, holen Ihnen plötzlich einen Kaffee. Man fragt Sie, was Sie von diesen und jenen Gerüchten halten, die in der Firma kursieren. Sie *sind* plötzlich wer – nur, weil Sie ein bisschen den Stil von Ihrem Chef kopieren. Im Mainstream mitzuschwimmen ist manchmal der Karrierestart! Lernen Sie von den schlechten Menschen, sich aalglatt anzupassen. Dann klappts auch mit der Karriere.

Werden Sie ein kleiner Häuptling

Das ist doch in jedem Unternehmen so: Immer mehr Klugscheißer treiben sich in den oberen Etagen herum, und unten machen immer weniger Indianer die Arbeit. Was Sie von den Schlechten lernen können, ist dies: Man muss sich nur eine kleine unbeachtete Marktlücke in den oberen Etagen suchen, und schon hat man ein schönes Leben. Man wird nicht mehr kontrolliert, muss keine Überstunden mehr machen, kann andere herumscheuchen und sich selbst einen guten Lenz machen. Dafür kriegt man dann aber auch mehr Geld. Also peilen Sie mal, wo da oben noch ein Versteck für Sie frei wäre! Wenn Sie erst einmal drin sind, spült Sie das Personalkarussell nur noch nach oben. Oder wie wäre es mit einem Job im Betriebsrat? Das ist hammergeil, denn nun sind Sie auf Lebenszeit unkündbar. Reden Sie den Leuten immer schön nach dem Mund und denken Sie endlich einmal an Ihr eigenes Wohl! Für die Firma haben Sie sich doch lange genug aufgerieben.

Setzen Sie die wildesten Gerüchte in die Welt

Wer es mit der Wahrheit genau nimmt, ist stinklangweilig. In der Firma muss man wilde Geschichten erfinden und kolportieren, denn dann gilt man als gut informiert und wird von allen anderen mit noch schöneren Geschichten belohnt. Gerüchte kennen ist die wichtigste Währung, mit der am Arbeitsplatz gehandelt wird! Die Schlechten wissen das schon lange und halten sich an diese Regel. Nur Sie haben bisher lediglich das weitererzählt, was Sie auch wirklich beweisen konnten. Schluss damit! Fiese Intrigen sind die Würze des Arbeitslebens. Sie dürfen Ihrer Fantasie dabei ganz freien Lauf lassen. Natürlich müssen Sie alles, was Sie weitertratschen, glaubwürdig verpacken. Da haben Sie neulich was gehört ... Das ist ja unglaublich, und Sie können es selbst nicht fassen ... Um wen genau es sich handelt, wissen Sie auch noch nicht ... Und bitte, es möge niemand weitererzählen, denn diese Nachricht ist top-vertraulich. Genauso arbeiten die Schlechten, und das gucken Sie sich doch mal von denen ab! Wer keine Wahnsinns-Geschichten zu erzählen hat, der wird auch nicht mit Wahnsinns-Geschichten versorgt.

Fangen Sie wieder mit dem Rauchen an

Die Raucherecken in den Firmen oder die zugige Ecke vorm Eingang, wo sich die ungeliebten Raucher treffen, sind die wahren Kontaktbörsen. Da wird getratscht und geklatscht. Da müssen Sie dabei sein. Da treffen sich die schlechten Menschen. Schlecht sind sie nicht etwa, weil sie rauchen. Sondern sie rauchen, weil sie schlecht sind. Längst haben sie nämlich begriffen, was Ihnen bisher verborgen blieb: Raucher sind die wahren Informations-Weiterträger, denn als verfolgte Minderheit sind sie voller Hass und Zorn auf die Firma, in der sie nicht mehr rauchen dürfen. Deshalb haben sie sich zu der Gerüchte-intensivsten Interessengruppe innerhalb der Firma entwickelt und verbreiten in den Raucherecken, und nur hier, Gerüchte, von denen Nichtraucher überhaupt nichts wissen. Wie immer ist auch hier ein bisschen Feuer, wo Rauch ist, auch wenn es sich nur um Zigarettenrauch handelt, und deshalb sind Sie unter den Rauchern am besten aufgehoben. Stehen Sie immer da, wo es am verqualmtesten ist, und Sie werden die abenteuerlichsten Geschichten erfahren!

Beschubsen Sie doch auch mal Ihre Kunden

Die schlechten Menschen unter den Selbstständigen setzen die Preise immer dort herauf, wo es nicht gleich jemand mitkriegen wird. Und viele verdienen dabei richtig Geld. Sie sind ein guter Selbstständiger, immer ganz fair und in Ihren Angeboten gibt es keine versteckten Preiserhöhungen? Schluss damit! So können Sie gegen die schlechten Menschen niemals anstinken. Sie werden verlieren. Werben Sie mit Billigangeboten und erhöhen Sie die Stundenlöhne. Bieten Sie Ihre Brötchen billig an und nehmen unverschämtes Geld für Remoulade. Eine Preisbrecher-Kette macht das gerade: Die Verkäuferinnen sind angewiesen, ausdrücklich nach Remoulade zu fragen! Da gibt es dann das Schinkenbrötchen zum Minipreis, aber die Remoulade kostet mal eben 75 Cent. Merkt keiner! Zahlt jeder! Der Kunde möchte gern beschissen werden. Das machen Sie ab sofort auch, und Sie haben eine ganz wichtige Lektion von den schlechten Menschen gelernt.

Handeln Sie jeden Preis runter

Weil Sie ja eigentlich zu den Guten gehören, würden Sie immer das bezahlen, was auf dem Preisschild steht. Sie würden doch niemals auf die Idee kommen, im Laden zu feilschen! Aber genau das machen die schlechten Menschen. Und es ist ihnen vollkommen egal, ob der Unternehmer noch seine Miete zahlen kann. Werden Sie zur ungeliebten Kunden-Zecke, die jeden Preis mindestens um 20 Prozent drückt! Und zwar ganz egal, ob Sie einen Neuwagen kaufen wollen oder ein schickes Kostüm, eine Schraubzwinge oder eine Kiste Nobelwein! Schlechte Menschen haben damit überhaupt kein Problem. Die handeln aus Prinzip, weil sie sich danach besser fühlen. Und sparen richtig Geld, denn der Unternehmer hat ja seine Gewinnspanne, die nicht unbeträchtlich ist. Sie können damit monatlich einige Hundert Euro sparen! Die schlechten Menschen lachen über uns Blöde, die wir immer den vollen Preis zahlen. Künftig lachen Sie über die anderen.

Es ist nicht verkehrt, mal nur an sich zu denken

Wir möchten Sie ja gar nicht zum schlechten Menschen machen. Aber Fakt ist, dass die meisten von uns, also die Guten, zu oft und zu intensiv an das Wohl von anderen denken, denen es ja »ach so schlecht« geht. Wir reiben uns auf, wir spenden hier und geben dort, wir sind Mitglied bei Amnesty und der Deutschen Gesellschaft zur Rettung Schiffbrüchiger, wir sind gut zu ausgesetzten Hunden auf Mallorca, wir besorgen denen ein neues, heimeliges Zuhause in unseren Gefilden, wir geben dem Penner am Berliner Hauptbahnhof eine Zigarette und zwei Euro, wir kaufen jedem Obdachlosen seine Zeitschrift ab und wir freuen uns über eine neu gegründete Schule in Timbuktu, zu der auch wir unser Scherflein beigetragen haben.

Das alles tun wir quasi automatisch. Weil wir eben die Guten sind. Ist es nicht mal an der Zeit, dass wir unser Sozialverhalten gründlich überdenken? Wer denkt denn eigentlich an uns? Ist es nicht der normale Lauf der Weltgeschichte, dass ein Köter auf Malle verkommt und irgendwann an der Staupe krepiert? Kann die Deutsche Gesellschaft zur Rettung Schiffbrüchiger nicht auch ohne uns ihre sündhaft teuren Werbekampagnen finanzieren? Gäbe es die Schule in Timbuktu vielleicht auch dann, wir wir unsere Kohle für uns behalten würden? Und kann der Penner am Berliner Hauptbahnhof seine Zigaretten nicht von der staatlich garantierten Grundversorgung bezahlen, die ohnehin schon von uns, den werktätigen Steuerzahlern, kommt? Kann er sich nicht vielleicht mal das Rauchen abgewöhnen? Und wer garantiert uns eigentlich, dass wir mit dem Kauf von Obdachlosenzeitungen wirklich ein gutes Werk tun? Würde der Verkäufer dieses (nebenbei gesagt) unlesbaren Presseproduktes wirklich am Hunger sterben, wenn wir ihm nix abkaufen, oder würde er vielleicht irgendwo vorstellig werden und einen Job als Hilfsarbeiter annehmen, was ihn von unserer Payroll direkt in die Welt der Guten, nämlich in die Welt der Steuerzahler, hineinkatapultieren würde? Wer weiß das alles denn? Sie sollen ja nicht gleich zu jeder Bettelei Nein sagen. Aber hier und da könnten Sie mal überlegen, wer eigentlich *Sie* unterstützt. Ein gesunder Egoismus ist gar nicht so verkehrt. Und die ganze Welt können *Sie* sowieso nicht retten. Halten Sie doch einfach mal die Hände still, wenn Sie wieder einmal in die Brieftasche greifen möchten! Sagen Sie hin und wieder mal Nein. Deshalb kommen Sie noch lange nicht in die Hölle.

Mal eine kleine Geschichte nebenbei: Eine führende Persönlichkeit einer bundesweit operierenden Menschenrechts-Organisation schickt dem Autor dieses Buches immer wieder nette Mails aus ihren zahlreichen Urlauben, die sie grundsätzlich immer dort verbringt, wo die Menschenrechte ganz besonders heftig mit Füßen getreten werden. Sie denkt sich dabei gar nichts Schlechtes. Sie bereist halt gerne fremde Länder wie China, bestimmte Ostblock-Staaten oder Vietnam. Nicht, dass sie vor Ort für Menschenrechte kämpft! Sie entspannt sich dort, wo ihr Verein (vollkommen zu Recht) das Füßetreten der Menschenrechte anprangert. Na, super. Mahlzeit. Amnesty International kriegt vom Autor dieses Buches keinen Cent mehr, wenn das so abläuft in der Praxis. Schluss mit der Spendenfreudigkeit. Jetzt – sind wir auch mal dran.

Helfen Sie nie wieder einer Oma über die Straße

Denken Sie daran, wie gefährlich das für Sie selbst werden kann. Oma ist nicht so schnell wie Sie. Das herannahende Auto schätzen Sie deshalb vielleicht ganz falsch ein. Am Ende kriegt Oma mitten auf der Kreuzung einen Schwächeanfall und das letzte, was Sie hören, ist das Kreischen der Bremsen. Dann müssen Sie bedenken, dass Omas heute viel fitter sind als früher. Es kann also passieren, dass Oma sich mitten auf dem Zebrastreifen von Ihnen losreißt und zurückrennt, weil sie gar nicht auf die andere Straßenseite wollte. Wird sie dabei überfahren, könnte man Ihnen eine Mitschuld geben. Weiterhin ist zu bedenken, dass viele Omas irgendwelche seltsamen mit Rädern versehenen Hilfsfahrzeuge mit sich herumschleppen, die man zum Beispiel Rollatoren oder Hackenporsches nennt. Die müssen Sie auch alle mit über die Kreuzung schleppen. Und was passiert, wenn so ein Rollator oder Hackenporsche mitten auf der Kreuzung einen Achsbruch erleidet und liegen bleibt? Oder Omas Krücke kommt in die Achse des Rollators oder Hackenporsches und legt ihn lahm? Dann stehen Sie mitten auf der Kreuzung, die Autos kriegen Grün und Sie werden umgenietet. Das alles nur, weil Sie Oma auf die andere Straßenseite bringen wollten? Wo die vielleicht gar nicht hinwollte? Lassen Sie das. Von schlechten Menschen kann man unter anderem lernen, dass man Omas einfach stehen lassen sollte. Zumal diese Greisinnen gar nicht so gebrechlich sind, wie sie meistens tun. An der Kasse im Supermarkt sind sie zumindest ziemlich schnell und brutal, wenn sie sich vordrängeln können. Mit Rollator. Und mit Hackenporsche.

Wer schlecht ist, kann das Leben viel mehr genießen

Stets zerrissen ist der Mensch zwischen dem, was Spaß macht, und dem, was er tun sollte. Glück hat zweifellos etwas mit Ersterem zu tun. Und das ist ein Riesenproblem für uns, also die Guten. Kaum lassen wir mal die Sau raus, sagt uns schon eine innere Stimme: »Aber du weißt schon, dass es ungesund ist?« oder »Wenn das alle machen würden ...« oder »Du hast doch erst gestern gesündigt ...«. Diese innere Stimme ist eine absolute Spaßbremse. Schlechte Menschen haben entweder gar keine innere Stimme, die ihnen das Vergnügen mies macht, oder sie hören schlecht mit dem inneren Ohr, oder ihre innere Stimme spricht chinesisch. Jedenfalls ist es ein signifikantes Persönlichkeitsmerkmal des schlechten Menschen, dass ihm seine mahnende innere Stimme am Arsch vorbeigeht. Sie ist allenfalls wie Fliegengesumm in seinem Ohr. Und da können wir auch etwas dazulernen. Haben Sie schon mal zu Ihrer inneren Stimme »Halts Maul, du blöde Spaßbremse« gesagt? Sehen Sie, das haben Sie nicht. Sie setzen sich mit ihr auseinander und rechtfertigen Ihr sündiges Tun, was schon mal den halben Spaß auffrisst. Dafür mal ein Beispiel. Sie fahren mit der Bahn und es kommt kein Kontrolleur. Hinterher gehen Sie zum Schalter und sagen, dass Sie gar nicht gefahren sind.

Daraufhin bekommen Sie das Geld zurück, haben aber sofort ein schlechtes Gewissen: Schließlich haben Sie erstens gelogen, was der inneren Stimme gar nicht gefällt, und zweitens haben Sie sich die Reise erschlichen, was die innere Stimme wieder einmal mit dem backpflaumentrockenen Kommentar versieht, dass, wenn jeder so handeln würde wie Sie, die Bahn bald gar nicht mehr fahren könnte und wenn, dann allenfalls mit zwei Pferden vorm ICE anstelle der Lok. Sie nehmen zwar das Geld, werden aber nicht richtig glücklich damit, weil die innere Stimme Sie nachhaltig daran hindert. Der schlechte Mensch hingegen denkt weder an das Gebot »Du sollst nicht lügen« noch an den ICE mit den Ackergäulen, sondern er strahlt über sein ganzes dämliches Gesicht und schleppt das zurückgezahlte Geld sofort in die nächste Kneipe, wo er es versäuft und dabei auch noch mit seiner bösen Tat prahlt, woraufhin ihm die ganzen anderen schlechten Menschen, mit denen er sich so abgibt, auch noch tumb applaudieren. Regt sich aber so etwas wie eine innere Stimme im schlechten Menschen, so würde er sie sofort übertönen, zum Beispiel nach dem Motto: Ich habe die Bahn zwar beschubst, aber die Bahn hat mich auch schon oft beschubst, weil sie nämlich ständig Verspätung hat, und wenn ich für jede Minute Verspätung, die ich schon erlebt habe, einen Euro berechnen würde, dann würde mir die Bahn immer noch was schulden. Gegen so eine Argumentation kommt die innere Stimme nicht mehr an und schaltet sich quasi automatisch aus. Darum sind schlechte Menschen glücklicher als wir und darum sollten wir Guten nicht so oft auf unsere innere Stimme hören.

Halten Sie sich selbst nie wieder
für unentbehrlich

Es ist ein Persönlichkeitsmerkmal von uns, also den Guten, dass wir uns für unentbehrlich halten. Ohne uns läuft doch nichts. Ohne uns wäre die Firma längst pleite. Ohne uns wären jede Menge Arbeitsplätze gefährdet. Also hauen wir rein, als wäre die Fima unsere. Wir reiben uns auf, als wären wir die Chefs. Die aber lachen über uns. Für die sind wir nur gewinnbringende Ameisen mit mess- und vorhersehbarer Gewinnmaximierung. Also lernen wir doch mal von den schlechten Menschen und lassen die Chefs bluten! *Die* sollen mal zahlen, und zwar für unser Nichtstun. Es lebe der Faulenzer! Ein Prosit, ein Prosit der Gemütlichkeit! Einfach mal halblang machen. Dienst nach Vorschrift ist eine uns bisher lebensferne Arbeitsmoral, die aber durchaus lebensverlängernd wirken kann. Wir lernen von den schlechten Menschen, dass nicht jeder anstrengende Job von uns erledigt werden muss. Man kann auch mal delegieren. Stellen Sie sich doch einmal vor, dass Sie morgen an einem plötzlichen Herzinfarkt sterben: Meinen Sie, dass dann die Welt stillsteht? Dass nix mehr geht? Nein. Wer Sie kennt, wird einen kleinen Moment erschüttert innehalten und sich danach sofort wieder seiner Arbeit zuwenden. Im Job dauert es keine 48 Stunden, bis Sie total vergessen sind. Business as usual. The show must go on. Man überlegt allenfalls noch, wer zu Ihrer Beerdigung abgeordnet wird und wer in der Zeit den Laden am Laufen hält, aber ansonsten rollt die Welle des täglichen Geschäftes voll über Sie hinweg. Sie sind ein Nichts! Sie sind nicht wichtig! Schon am Tag nach Ihrem Dahinscheiden sind Sie vergessen. So läuft das ab. Und da können wir von den schlechten Menschen, diesen Berufs-Faulpelzen, echt noch etwas lernen.

Das Fazit aus diesem Kapitel

Und ist der Ruf erst ruiniert, lebt sichs völlig ungeniert« (Wilhelm Busch). Weil schlechte Menschen kein schlechtes Gewissen kennen, leben sie unbeschwerter in den Tag hinein und haben deshalb vermutlich eine höhere Lebenserwartung als wir, die Guten.

Wir müssen also – nein, nicht auch so schlecht werden wie die. Aber wir müssen uns mal ein bisschen locker machen und von den Schlechten übernehmen, was sie uns voraus haben: den gesunden Egoismus, diese gewisse Dreistigkeit, die von Skrupeln nicht behinderte Durchsetzungsstärke und das Glück, das dem Dummkopf oft beschert ist! Warum geben wir nicht mal richtig Gas, wenn es an der Kasse im Supermarkt heißt: »Sie dürfen auch zu mir kommen«? Immer ist da ein schlechter Mensch, der erfolgreicher drängelt als wir, und wenn wir dran sind, ist die Kassenrolle leer und wir sparen durch den Kassenwechsel überhaupt keine Zeit.

Immer sind wir es, die das Nachsehen haben. Schlechte Menschen sagen niemals die Wahrheit, wenn sie bei der Bank einen Kredit möchten und eine Selbstauskunft ausfüllen müssen. Die lügen das Blaue vom Himmel herunter, kriegen deshalb leichter Kredit als wir und haben demzufolge nicht so viele schlaflose Nächte (ebenfalls lebensverlängernd).

Schlechte Menschen gehen nie zur Darmspiegelung und kriegen trotzdem keinen Krebs. Sie pfeifen auf den Zahnarzt und haben niemals Löcher. Manch ein guter Mensch hat sich sogar schon selbst ums Leben gebracht, weil ihm seine Probleme über den Kopf wachsen und er sich alles so zu Herzen nimmt. Das würde einem richtig schlechten Menschen nicht passieren. Was wir brauchen, ist das für schlechte Menschen typische dicke

Fell. So dick muss es sein wie dieses Buch. Ein guter Mensch zu sein, das zahlt sich auf Dauer einfach nicht aus.

Ein guter Anfang ist schon mal, dass Sie künftig über schlechte Menschen ablästern. Üble Nachrede, hämische Bemerkungen, abfällige Äußerungen und all das andere, was Sie sich bisher verkniffen haben: Es ist Balsam für die Seele! Setzen Sie sich einfach mal zu zweit in ein Straßen-Café mit schönem Blick auf die vorbeiziehenden Massen und üben Sie das Ablästern über arme Würstchen, die nichts dafür können. Wunderbar!

Dieses Buch wäre beinahe nicht rechtzeitig fertig geworden. Möchten Sie wissen, woran das gelegen hat? Ich sage es Ihnen: Dem Autor begegnete in den letzten Wochen fast jeden Tag eine neue Spezies Mensch, die unbedingt in dieses Buch hineingehörte. So wurde das Buch immer dicker und dicker, und der Abgabetermin rückte immer näher und näher. Noch in der letzten Nacht vor dem Redaktionsschluss ... Ach, das heben wir uns für den nächsten Band auf.

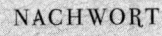

NACHWORT

Dieses Buch wäre beinahe nicht rechtzeitig fertig geworden. Möchten Sie wissen, woran das gelegen hat? Ich sage es Ihnen: Dem Autor begegnete in den letzten Wochen fast jeden Tag eine neue Spezies Mensch, die unbedingt in dieses Buch hineingehörte.

So wurde das Buch immer dicker und dicker, und der Abgabetermin rückte immer näher und näher. Noch in der letzten Nacht vor dem ultimativen Redaktionsschluss ...

Ach, das heben wir uns für den nächsten Band auf.

Das wahre Problem war nicht, genügend schlechte Menschen zu finden – sondern das Problem war die Frage, auf wen in diesem Buch *verzichtet* werden sollte! Auch *Sie* waren vermutlich in der engeren Auswahl. Aber weil so ein Buch eben nur eine begrenzte Anzahl von Seiten hat, musste sich der Autor von einigen schlechten Menschen trennen, und da haben Sie wirklich mal ausnahmsweise richtig viel Glück gehabt. Denn wenn dieses Buch auch nur eine einzige Seite mehr hätte, dann wären Sie drin. Aber jetzt mal im Ernst, jedenfalls im Halb-Ernst:

Nicht alle, die es wirklich ehrlich verdient hätten, haben es ins *Kleine Buch der schlechten Menschen* geschafft. Das tut dem Autor sehr leid, und er möchte sich ausdrücklich dafür entschuldigen.

Politessen zum Beispiel mit ihrer bisweilen unnachahmlich charmanten Art, die sie sich eins zu eins von ihren Kolleginnen von der Volkspolizei an den Grenzübergängen der früheren DDR abgeschaut haben müssen, sind in diesem Buch eindeutig unterrepräsentiert.

Wurstverkäufer, die ohne Handschuhe unsere Salami angrapschen und mit denselben Fingern Restgeld herausgeben, dürfte der geneigte Leser ebenfalls schmerzlich vermissen.

Zwar wird in einem Beitrag über militante Nichtraucher abgelästert, aber der umweltverpestende Raucher, der mit dem Nikotin seiner weggeworfenen Kippe die wenigen noch verbliebenen Straßenbäume vor deutschen Firmen tötet, kommt eigentlich viel zu gut weg. In diesem Buch ist er Opfer, aber eigentlich ist er auch Täter!

Und dann die »In-Cafés-pausenlos-ihre-Gören-säugen-den-Edel-Mütter«. Der Autor stellt sie ja an den Pranger und das zu Recht, aber andererseits gibt es natürlich auch viele kinderfeindliche Wirte, die aus purer Geldgier keine Kinderwagen in ihren Läden haben wollen (kostet Platz, macht Dreck, sieht bescheuert aus, wollen wir nicht usw.). Müsste man die nicht auch anklagen und ins *Kleine Buch der schlechten Menschen* hineinnehmen?

Fakt ist: Jeder, der in diesem Buch vorkommt, könnte auch dann drin stehen, wenn er das Gegenteil von sich selbst wäre.

Damit allerdings führt sich dieses Buch ad absurdum. Es ist vermutlich das sinnloseste Buch, das Sie jemals gekauft haben. Sie haben aber leider den Fehler gemacht, dass Sie das Nachwort nicht *vor*, sondern erst *nach* dem Kauf gelesen haben. Sehen Sie: Das sollte man eigentlich nicht tun. Denn manchmal steht die Wahrheit erst im Nachwort.

Allerdings stimmt auch das nicht so ganz. Als dieses Buch den Verlagsvertretern, allesamt ehrwürdige und fachkundige Experten des Buchhandels, vorgestellt wurde, sagte der Verleger, ein gewisser Herr Schwarzkopf, dies: »Nach diesem Buch wird man nie wieder ein Buch verlegen wollen. Es ist das ultimative Buch. Danach kommt nichts mehr, dann muss man kein Buch mehr verlegen, weil alles gesagt ist, ein für allemal.«

Das war natürlich weit übertrieben. Aber der Autor errötete sanft und murmelte bescheiden, wie er nun einmal ist: »Zu viel der Ehre.« Da sich der Autor dadurch aber als bigott geoutet hat, weil er insgeheim der Meinung ist, dass der Verleger vollkommen recht hat, gehört er (der Autor) ebenfalls ins *Kleine Buch der schlechten Menschen* hinein und sollte sich eigentlich ein eigenes Kapitel gönnen, finden Sie das nicht auch?

Der Autor gibt also zu, dass auch er ein schlechter Mensch ist. Besserwisserisch ist er, chauvinistisch, verbohrt, einseitig argumentierend, ungerecht, maulend, populistisch und fies maßt er sich an, über Drogerie-Verkäuferinnen und ihr dreimal übertünchtes Make-up zu lästern, obwohl die Armen doch gar nichts dafür können, und hätten *Sie* denn wirklich gern eine Verkäuferin, die so aussieht, wie sie in Wahrheit aussieht?

In diesem Sinne!

Ihr Hauke Brost
www.haukebrost.de

PS: Schreiben Sie mir doch mal Ihre Meinung zu diesem Buch. Und sagen Sie mir auch, über welche schlechten Menschen Sie sich am meisten geärgert haben! E-Mail: haukebrost@gmx.info

DER AUTOR

Hauke Brost, 63, ist Chefreporter einer großen Boulevard-zeitung. Seine bissigen Bestseller (*Wie Männer ticken*, *Wie Frauen ticken*, *Wie die lieben Kollegen ticken* u.a.) wurden von vielen Hunderttausend Lesern verschlungen. Brost lebt in Hamburg und auf der nordfriesischen Insel Pellworm, wo er mit seiner Frau ein Café betreibt.

Hauke Brost
DAS KLEINE BUCH DER SCHLECHTEN MENSCHEN
Eine Typologie

ISBN 978-3-86265-021-7

KATALOG
Wir senden Ihnen gern kostenlos unseren Katalog
Schwarzkopf & Schwarzkopf Verlag GmbH / Abt. Service
Kastanienallee 32 | 10435 Berlin
Telefon: 030 – 44 33 63 00
Fax: 030 – 44 33 63 044

INTERNET | E-MAIL
www.schwarzkopf-schwarzkopf.de
info@schwarzkopf-schwarzkopf.de